Couverture inférieure manquante

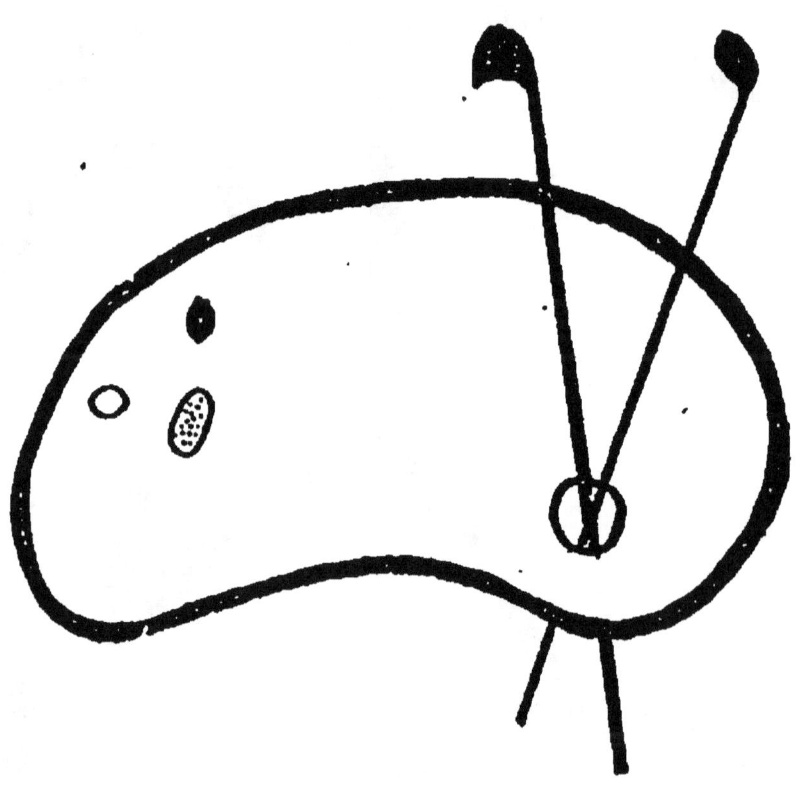

LES APPARITIONS

DE

Tilly-sur-Seulles

ÉTUDE SCIENTIFIQUE & THÉOLOGIQUE

Réponse à M. Gaston MÉRY

PAR

L'Abbé F. GOMBAULT

Docteur en Philosophie

Lauréat du Concours d'Apologétique de l'Institut Catholique de Paris

PRIX . . . . . 0 fr. 75 | FRANCO. . . . . . 1 fr.

R. CONTANT

Libraire-Éditeur

63, Rue Denis-Papin, 63

BLOIS

LES APPARITIONS

DE

Tilly-sur-Seulles

ÉTUDE SCIENTIFIQUE & THÉOLOGIQUE

Réponse à M. Gaston MÉRY

PAR

L'Abbé F. GOMBAULT

Docteur en Philosophie

Lauréat du Concours d'Apologétique de l'Institut Catholique de Paris

PRIX . . . . . 0 fr. 75 | FRANCO . . . . . . 1 fr.

R. CONTANT

Libraire-Éditeur

63, Rue Denis-Papin, 63

BLOIS

AVANT-PROPOS

J'éprouve, croyez-le, lecteur, une certaine appréhension en donnant le bon à tirer de cette brochure.

Ces événements sont d'une telle importance, les faits se présentent avec une telle complication qu'il faut, je l'avoue, une véritable audace — beaucoup diront de la témérité et de la présomption — pour oser produire son avis dans cet imbroglio théologique.

Il n'y a que les papillons, penseront plusieurs, à venir se brûler ainsi les ailes aux lueurs traîtresses des faux jours. Les sages se réservent.

Après tout, je ne compromets personne autre que moi, n'ayant pas mandat de l'autorité, du moins de l'autorité supérieure.

Que voulez-vous ? Il aurait fallu sur les lieux tous les docteurs en Israël, pour étudier et juger, tellement, encore une fois, le cas se montre compliqué pour le théologien.

Aucun ne s'est présenté ! Ils se sont ébranlés pour venir, paraît-il, mais nul n'osa dépasser Caen ou Bayeux, tant est redoutable le rire du sceptique. On trouve même, par ces temps de veulerie intellectuelle, qu'il est plus scientifique de rire avec lui.

S'ils daignent venir, ignorés de tous, c'est l'affaire d'un instant. Ils interrogent deux ou trois témoins touchant des visions d'un ordre surnaturel que nous aurons à discuter, puis, sans examiner sur place les voyants, sans étudier les faits, sans contrôler sans tenter une classification quelconque de ces phénomènes merveilleux, ils repartent, suffisamment édifiés sur ce qui se passe à Tilly. Vous pouvez les interroger : ils se contentent de hausser les épaules avec un regard de compassion pour l'interlocuteur, et ils prononcent un « peuh !... » dédaigneux qui donne la mort à toutes les convictions. Ou bien encore, le *Gaulois* nous le prouvait dernièrement, à peine débarqués, ils courent à la Société des sciences psychiques porter leurs impressions toutes fraîches. Toutes fraîches, en effet, ces impressions, les premières comme les dernières, car elles sont de la même heure ; elles n'ont pas plus vieilli que les idées.

Quant à moi, venu en simple curieux, avec mille préventions, j'ai fini par prendre la plume en convaincu. J'ai passé de longs jours à conduire mon enquête, placé pour le faire dans des conditions exceptionnelles, grâce à l'obligeance du vénéré doyen. J'ai vu et contrôlé pour les faits principaux : j'ai étudié les témoignages pour un certain nombre de faits secondaires. Je vais dire mes impressions, moi aussi.

Si je me trompe complètement dans cet essai de classification des phénomènes, j'aurai été trompé par le Menteur, et je ne serai pas humilié de le savoir plus malin que moi ; j'irai alors m'asseoir sur le banc de ceux que le diable aura *roulés*, en compagnie de M. Gaston Méry, que je tiens, du reste, pour écrivain de talent et pour homme d'esprit.

Papus viendra nous voir, de temps en temps, et nous causerons ensemble des malices de la *Force psychique*.

Et maintenant qu'il soit bien entendu que si cette brochure, forçant quelque peu l'indifférence de mes contemporains, s'écoule aux mains de nombreux lecteurs, je n'en veux retirer aucun profit. Ce sera pour les œuvres de la paroisse de Tilly-sur-Seulles.

La raison en est simple : si c'est le démon, uniquement lui, qui opère à Tilly-sur-Seulles, je ne veux point de son argent. Si c'est l'Auguste Mère de Dieu qui apparaît à plusieurs, je ne veux pas qu'Elle me *paye* pour l'avoir voulu prouver.

F. GOMBAULT.

ÉTUDE

SCIENTIFIQUE & THÉOLOGIQUE

sur les

APPARITIONS DE TILLY-SUR-SEULLES

PROLOGUE

Aux yeux de tout théologien qui voudra sérieusement examiner les faits, les Apparitions de Tilly-sur-Seulles constituent un ensemble de phénomènes absolument unique dans les Annales de la Mystique. Jamais, je le crois, le *préternaturel* ne s'est affirmé avec une telle surabondance de faits extraordinaires, avec une telle profusion de témoins.

Ces événements me paraissent avoir été présentés, jusqu'ici, dans un pêle-mêle bien préjudiciable à la vérité. Il convient de discerner, dès maintenant, dans cet ensemble de faits, des phénomènes préternaturels de différente *origine* et de différente *valeur*, car plusieurs de ces faits, encore obscurs, pourront se retourner *pour* ou *contre* la vérité des apparitions, *pour* ou *contre* les apparitions d'ordre divin, car ces dernières ne font pas défaut, comme je le démontrerai, je l'espère.

Cette lutte du mensonge contre la vérité n'est pas d'aujourd'hui. Nulle part, on pourrait presque dire, le *préternaturel divin* n'est apparu sans que la contrefaçon démoniaque, grossière ou subtile, ne fasse parallèlement son apparition.

Au reste, d'une manière *sensible* et *extraordinaire*, le mensonge fait rage autour des événements de Tilly. Je mets en garde les trop rapides enquêteurs.

Quand Satan ment d'une façon aussi impudente, aussi grossière, c'est qu'il redoute quelque chose.

Il faut donc, dès maintenant, je le répète, mettre à part, par une judicieuse sélection, les faits *marquants, principaux,* qui, comme un phare lumineux, permettront de se guider dans ce flot d'événements et dans ces ombres, car, encore une fois, à Tilly comme à Lourdes, comme en maint endroit, le *préternaturel diabolique* s'affirme à côté du *préternaturel divin.*

Le moment est venu d'étudier plus à fond certains faits, auxquels se rattachent comme d'eux-mêmes les apparitions secondaires.

Je voudrais — sous ma seule responsabilité, bien entendu — commencer ici un essai de classification et inaugurer ce travail de déblayement nécessaire, sans tenir compte des préférences de la foule.

Auparavant, je tiens à mettre l'opinion en garde contre les affirmations plus ou moins inexactes, et souvent perfides, que renferment certaines notices relatives aux Apparitions de Tilly. La meilleure est celle qui porte le titre : *La vérité sur les Apparitions de Tilly-sur-Seulles.* Il s'y est glissé quelques erreurs assez notables; la chose se comprend puisque c'est une œuvre du début.

M. Gaston Méry vient de faire paraître également une brochure qui est à lire comme document. J'aurai à signaler les erreurs et les fausses appréciations de l'auteur.

La plus détestable de ces brochures est celle du vicomte de Granville, sortie de la librairie Paul Ollendorff et que certaines *Semaines religieuses*, avec un manque de contrôle absolu, sont dévotement en train de recommander à leur pieuse clientèle.

Il est à espérer que la bonne foi du rédacteur a été surprise. Et d'abord, quand l'auteur de cette notice a-t-il entendu Louise Polinière lui relater ces prétendues paroles de la Vierge : « Si tu engages les habitants à m'en faire construire une (chapelle), il jaillira ici même une source qui fera la richesse du pays. » — Jamais Louise n'a tenu ce langage, et elle proteste contre les « menteries » du journaliste.

La Vierge n'a *parlé* pour *personne* au moment où je termine ma première enquête, *vingt-huit mai* dernier.

Du reste, disons-le tout de suite, le cas de Louise Polinière, même dans cette hypothèse, ne serait pas un embarras pour la conclusion de ce travail.

Que le lecteur patiente ; il comprendra pourquoi.

Le fait *principal* est indépendant de toutes ces visions secondaires, qui ne viennent là que pour *confirmer* ou *atténuer* le premier phénomène surnaturel, *premier en date, premier en importance :* l'Apparition de la Vierge aux religieuses du Sacré-Cœur de Tilly, et aux enfants de l'école.

Nous ne chercherons pas longuement querelle au vicomte de Granville à propos de certains textes de Vintras, dont il ne soupçonne qu'à peine les hontes et les œuvres ténébreuses. — Vintras, le fondateur de couvents androgynes, le créateur de l'Œuvre de la Miséricorde contre les sortilèges, qui célébrait de sacrilèges offices, portant une chasuble à la croix renversée, n'a pu faire de prédictions que sur l'avenir de la religion nouvelle qu'il croyait répandre sur le monde, et il a pu espérer que Tilly, où se trouvait sa demeure, serait le centre de ses diaboliques entreprises.

Satan s'installe toujours partout où il redoute la *prise de possession divine*. Sur notre sol gaulois, le Christianisme l'a déjà une première fois chassé de ses temples pour y dresser des autels à la Vierge. — Soulevant les passions humaines, Satan a renversé les temples et enseveli leurs ruines. — Dieu sera-t-il vaincu dans cette lutte suprême ! Non, l'heure des revanches divines doit sonner, et aux jours de la grande prophétie biblique : « Une femme t'écrasera la tête, » il a sans doute connu, pour l'avenir, dans une vision écrasante pour son orgueil et sa haine, ces résurrections de l'œuvre divine par Marie, ces glorieux sanctuaires d'où s'épancheront à travers les siècles toutes les grâces et toutes les bénédictions.

Pour ma part, je ne me scandaliserais pas que le satanique Vintras ait pu prédire l'érection d'un sanctuaire sur le plateau de Tilly.

En attendant, M. de Granville ferait bien de nous montrer ses documents.

Quant au trouble ou à l'effroi persistant que l'auteur de la brochure incriminée constate chez quelques-uns, il est bon de dire qu'il est produit uniquement par certaines apparitions fort entachées de diabolisme. J'aurai à noter chez les autres voyants la *joie*, le *bonheur*, un *accroissement de piété*, le désir insatiable de toujours contempler la radieuse Apparition.

Pareillement, il faut rejeter avec force le rapprochement *complet* que M. Gaston Méry essaie de faire entre sa *voyante* de la rue de Paradis et les Apparitions de Tilly.

Aucun théologien n'a pu se méprendre sur la *nature* de cet ange Gabriel, qui se met tant à l'aise avec l'autorité ecclésiastique.

Ce qu'il y a de curieux dans cette disposition d'esprit de M. G. Méry, c'est que cet écrivain qui jette un si facile discrédit sur l'état extatique de Marie Martel et la proclame hallucinée, trouve assez mauvais qu'on lui dénigre sa voyante de la rue de Paradis ; les traits d'esprit, dès qu'on y touche, perdent, paraît-il, tout leur sel et les fines observations de M. l'abbé Brettes sont, à son avis, un peu... *voltairiennes*. N'est-ce pas assez drôle ? Les amis de M. G. Méry doivent bien rire de cette disposition d'esprit ; le psychologue Drumont — que j'aime beaucoup, du reste — ne manquera pas de lui signaler cette petite faiblesse dont les plus grands hommes ne sont pas exempts.

Donc, à mon avis, Gaston Méry veut redonner de l'éclat à sa prophétesse, et justifier son propre diagnostic, en déclarant qu'elle a prédit les événements de Tilly.

En somme, la chose ne serait nullement déconcertante : le démon peut prédire ce *qu'il fera ;* or, il y a des faits diaboliques à Tilly. Le démon a pu connaître sa future intervention par les raisons énoncées plus haut, et par cette autre raison que les événements de Tilly remontent à plusieurs années, et que depuis *quatre ans*, et surtout depuis *un an*, le diable opérait à cet endroit par des visions préparatoires. Il avait, sans doute, de plausibles motifs pour en agir ainsi ; l'*avenir le démontrera peut-être*.

Soit ! dira M. G. Méry, il y a une *possédée* rue de Paradis. Mais elle a prédit, cette possédée, tout au moins l'intervention diabolique dans les événements de Tilly ; donc il y a relation manifeste et j'ai raison de le dire à mes contemporains.

Oui, sans doute ; mais le danger de votre opinion est que vous croyez fort peu à la possession de Mlle Couédon. Vous croyez à sa mission divine, et l'écroulement de son trépied de prophétesse ne vous est pas indifférent ; on le sent à la lecture de vos brochures.

En un mot, pour vous, les événements de Tilly et de la rue de Paradis appartiennent au même ordre de préternaturel et sur toute la ligne. Pas un instant vous ne laissez soupçonner que s'il y a du diabolique à Tilly votre prophétesse a bien pu le prédire.

En conséquence, si l'événement de Tilly venait à être tenu pour divin, vous nous ferez croire, pour un instant, que cette gloire rayonne jusque dans le salon de la famille Couédon.

Voilà ce qu'on vous reproche, et pas autre chose.

Pour vous, c'est un fait bien évident que l'événement de Tilly n'est qu'une annexe de l'autre phénomène ; ce sentiment apparaît jusque sur la couverture de votre brochure, où le mot de *la Voyante* se détache en grosses lettres au-dessus du modeste sous-titre : *et les Apparitions de Tilly-sur-Seulles.*

Bref, votre opuscule sur Tilly ne sera jamais qu'un chapitre de l'ouvrage que vous consacrerez à la gloire de Mlle Couédon ; nous savons déjà que ce chapitre commencera à la page 195 du livre futur.

Vous auriez pu attendre. — C'est tout ce que je vous reproche, cher Monsieur, et par simple amour du grand événement que je veux exposer.

Je diviserai en *trois groupes principaux* les centaines d'apparitions dont nous aurons à nous préoccuper.

Le *premier groupe* comprendra les Apparitions dont

les sœurs et les enfants de la classe furent favorisées, et aussi les nombreuses visions qui s'y rattachent par un lien étroit et logique.

A côté de ce groupe, et pour ainsi dire annexé à lui, je placerai le cas de Marie Martel. — Je m'expliquerai à ce sujet.

Ce sera, si vous le voulez bien, le côté *du divin*.

Le *second groupe* comprendra les faits certainement diaboliques, ou probablement diaboliques.

Le *troisième groupe* comprendra les plus indéterminés qui exigent, à cause de leur importance relative, une étude plus approfondie.

Je placerai là plus particulièrement le cas de Louise Polinière, de la fille Troplong et du garde M.., de V.

Autant je rapproche les visions de Marie Martel du groupe des faits divins, autant je rapproche ces dernières du groupe des contrefaçons diaboliques, qui m'apparaissent venir là pour jeter le discrédit sur les faits divins et rendre perplexes les juges qui auront à prononcer la sentence définitive.

PREMIER GROUPE DE FAITS

La Vierge apparaît aux Sœurs et à diverses personnes

Les Faits. — Ce fut le 18 mars que se manifesta la première apparition.

La sœur, contrairement à ce que les notices racontent, n'a nullement dit aux enfants : « La Sainte Vierge vous récompensera. » — « J'ai simplement exhorté les enfants », me dit la Supérieure, « à bien faire leur prière du soir pour se préparer à la fête de saint Joseph. »

Tout à coup, une des enfants pousse le coude à sa voisine, la petite L..., et lui fait signe de regarder. « Oh ! Madame », s'écrie cette dernière, « la Vierge qu'on voit là-bas ! »

Les autres enfants aperçoivent l'Apparition et s'exclament. La sœur de classe est bien obligée de voir aussi, là-bas, par dessus les fours à chaux, au-dessus de la haie, une Vierge rayonnante de clarté, dans l'attitude de l'Immaculée-Conception. — L'Apparition est très nette dans ses contours, au sein d'une lumière qui parfois semble illuminer la classe.

Le lieu des apparitions est situé à 1,200 mètres, sur le plateau, dans un champ appartenant à M. Lepetit, riche et très chrétien industriel.

La Vierge apparaît de grandeur naturelle, avec la netteté de vision que l'on aurait à 40 ou 50 mètres, dans un éblouissement tempéré au sein duquel rayonnerait un corps glorieux, car si la main étendue est vue très distinctement, il faut ajouter que le léger sillon qui sépare les doigts serrés l'un contre l'autre n'est pas distinctement perçu; pour cette même raison de distance, un peu d'indécision voile les traits. — Les vêtements, jusqu'à l'ombre des plis, sont très nettement perçus, et tout l'ensemble est rayonnant de grâce et de charmes.

C'est dire que les lois de la vision ordinaire sont miraculeusement renversées.

Au lieu même de l'apparition, les voyants et voyantes distinguent tous les traits et toute l'expression de la physionomie.

Continuons notre récit :

Le premier moment de stupeur passé, la sœur envoie chercher les deux autres religieuses et les enfants de la petite classe. « Venez contempler », leur est-il dit, « ce que l'on voit là-bas ». Sœurs et enfants tombent à genoux; la prière fervente monte des cœurs. — La scène dura *cinq* quarts d'heures, et pendant ce long espace de temps on vit de faibles enfants de cinq à sept ans rester à genoux sur des tables sans ressentir de lassitude, quand en d'autres temps dix minutes d'un semblable exercice les eût épuisées de fatigue. — Ce fait ne prouve-t-il pas déjà la réalité de la vision béatifiante !

Je veux faire remarquer ici que *jamais les sœurs n'ont cru voir une statue.* « Dès les premiers jours », dit la Supérieure, « elle nous sembla joindre les mains pour prier avec nous ; il semblait même qu'elle s'avançait vers nous, ce qui faisait dire aux enfants : « Elle vient ! la voilà qui approche » ! Elles se figuraient, dans leur simplicité, qu'Elle allait venir dans la cour. — Elle apparaît tout d'un coup, au-dessus de la haie, ayant à sa droite et à sa gauche un nuage rose qui disparaît avec elle. »

Plusieurs notices se trompent, par conséquent, en annonçant que « pour tous c'est une *statue* et que l'Apparition semble sortir de terre ».

Je veux aussi, avant de reprendre le récit des faits, détruire une légende qui semble bien établie dans la croyance populaire. On croit parmi le peuple que c'est Louise Polinière qui, la *première*, a découvert le lieu exact où se montre l'Apparition. En réalité, c'est la veille du jour où Louise Polinière eut sa première vision que l'emplacement en fut déterminé par les recherches des sœurs. — Voici de quelle manière :

Un jour, le 31 mars, que l'Apparition se montrait longtemps et resplendissante, sœur Cléophas demanda à la Supérieure de se rendre au champ miraculeux pour y faire les recherches. — On convint qu'un mouchoir fixé au bout d'un bâton serait agité au moment propice, dans le cas où l'Apparition ne serait visible que de l'école. — Chose étonnante, en effet, les personnes qui voient de l'école ne voient généralement pas du champ Lepetit : c'est comme un privilège qui demeure pour elles attaché à ce lieu béni. — Cependant une dame et deux enfants ont vu des deux endroits ; je dirai quelle utile conclusion je veux tirer de cette exception pour le discernement des esprits.

Bientôt, de la classe, on aperçut la sœur et les enfants, singulièrement *rapetissées* par la distance, errer dans le voisinage de l'Apparition toujours radieuse, sans cependant la découvrir. — Nos exploratrices, après avoir interrogé le signal, hésitèrent quelque temps et traversèrent la haie...

— Où vont-elles, s'exclamait-on à l'école, mais c'est trop loin.

Le mouchoir demeurant toujours immobile, la sœur et les enfants revinrent sur leurs pas, et pour traverser la haie le petit groupe sembla passer sous l'Apparition, car un rayonnement les enveloppa. — Les mouchoirs s'agitèrent aux fenêtres de l'école. L'emplacement était trouvé. — Le lendemain, 1er avril, Louise Polinière avait sa première vision. J'attache une grande importance à ce détail.

Bien des fois, depuis ces premières visions, la Vierge est apparue aux enfants et aux sœurs, pendant la récitation du chapelet.

Toujours le bonheur des enfants est intense.

Plusieurs fois, l'Apparition a été vue joignant les mains ; une autre fois, elle a semblé bénir l'école.

Quand l'Apparition semble se voiler pour disparaître, les enfants en ressentent un grand chagrin, et tous de s'écrier : « Encore, bonne Mère, encore ! ne vous en allez pas ! » — Et la céleste Visiteuse redevient plus radieuse. — Cette scène se renouvelle jusqu'à cinq ou six fois de suite et pendant des heures entières.

Aux jours de fêtes de la Sainte Vierge qui coïncidèrent avec ces visions, l'Apparition se montra plus rayonnante que de coutume.

Notez que les sœurs, au début, craignant, dans leur humilité, d'être le jouet du malin esprit, ont beaucoup prié et prient encore pour éloigner l'influence de l'Esprit de mensonge. On sait combien est puissante la prière des enfants au cœur pur. — J'ajouterai même que la communauté des sœurs du Sacré-Cœur fait prier, dans ce même but, aux sanctuaires les plus célèbres.

Le résultat a été de rendre plus radieuse la belle Dame de la vision.

Dans la première semaine, une certaine défiance persistait encore dans l'esprit de la jeune sœur de classe. Elle croyait toujours que cela finirait et qu'il ne leur en resterait bientôt que le vague souvenir de l'illusion reconnue.

Un jour que, le premier chapelet récité, l'Apparition tardait à se montrer, la religieuse se leva vivement et dit : « Je vais aller voir le Bon Dieu, ce sera tout aussi bien. »

Ce disant, elle sortit dans la cour de l'école.

Immédiatement, elle est comme saisie par une force supérieure et retournée vers le lieu des apparitions. Elle pousse un cri et tombe à genoux, en demandant pardon : l'Apparition est là, toute rayonnante, mais cette fois une tache sanglante marque la place du cœur.

C'était le jour de la Compassion de Marie, le 27 mars !

En entendant ce cri, les enfants qui viennent de prier, à la classe, sans aucun résultat, sortent précipitamment pour secourir leur maîtresse qu'elles croient tombée.

A leur tour, elles se prosternent devant la Vierge au cœur sanglant. — La vision fut la même pour toute l'école.

La Vierge se montra ainsi fréquemment, et parfois fort longtemps.

Un jour, s'arrachant à la contemplation du prodige, la sœur, avec la vivacité qui la caractérise, dit aux enfants : « Mes enfants, la Sainte Vierge veut avant tout l'ordre dans la classe ; si c'est elle qui daigne nous apparaître, elle nous approuvera... Travaillez ! »

Et pendant tout le temps que dure la classe, l'Apparition demeure visible et resplendissante. D'un regard muet et plein d'attendrissement, la maîtresse, qui de son bureau ne peut apercevoir le champ, interrogeait les enfants placées en face de la fenêtre : « Est-elle là » ? — Un signe de tête affirmatif l'assurait de la persistance du céleste phénomène.

Il arriva aussi que des étrangers vinrent sonner à la grille cadenassée qui, comme bien on pense, ne s'ouvrit pas devant eux. Furieux, ils s'emportèrent en menaces contre l'école libre qui a déjà connu les tracasseries.

« Bonne Mère », s'écria la sœur directrice, à genoux dans la cour, dans un mouvement de spontanée frayeur, « si c'est pour nous attirer des ennuis que vous venez, ne vous montrez plus ; mais si c'est pour nous bénir, oh ! venez toujours ! » — A l'instant, l'Apparition rayonna dans l'azur étincelant.

Du 2 mai au 11 juin il n'y eut aucune apparition à l'école. Le 11 juin fut une journée privilégiée. Il faut dire que ce jour-là se célébraient les premières vêpres d'une fête chère à la communauté des religieuses du Sacré-Cœur. Les enfants devaient entrer en vacances le lendemain, et pour ce motif il y avait classe le jeudi.

Depuis 2 heures 1/2 jusqu'à 5 heures 1/4 il y eut une Apparition splendide. Rosaires, chants, invocation : « Notre-Dame du Sacré-Cœur de Tilly, priez pour nous » récitée pendant des heures, tout rendait l'Apparition de plus en plus brillante.

Un des cantiques a pour refrain :

Du Paradis
Tu descendis
Sur notre terre,
O bonne Mère.

Ces mots rendaient la vision plus radieuse.

Plusieurs personnes, parmi lesquelles un *commissaire*

de police d'un quartier de Paris, vinrent à ce moment se présenter à la grille. Une enfant vint les prévenir qu'on n'entrait pas, mais qu'on pouvait voir d'un endroit voisin, de l'autre côté du chemin ; on s'y rendit, et le commissaire de police et sa femme virent resplendir l'Apparition. — Le commissaire surtout, qui est un bon chrétien, fut particulièrement favorisé. Avec l'esprit d'investigation et de contrôle qui caractérisent les magistrats parisiens, il fit sur lui-même certaines expériences qui lui prouvèrent que sa vision était bien objective. Il ne voyait plus les yeux fermés. M. D. B. n'est pas homme à se dérober quand il s'agira de donner son témoignage.

J'ajouterai encore ce fait qui a son importance :

Un monument, la flèche d'un clocher apparurent un jour et furent visibles de l'école des sœurs. — Plusieurs dames qui se trouvaient à ce moment avec les religieuses en eurent aussi la claire vision.

Il faudrait citer toutes ces dames, toutes d'une parfaite distinction intellectuelle et morale. — Récuser de pareils témoins, c'est nier la certitude morale.

Discussion scientifique et théologique de ces faits

On viendra nous dire, je le sais bien, que nous sommes ici en présence d'hallucinés *par auto-suggestion.*

Je veux répondre à l'objection, mais il est bien clair que si mon raisonnement est infirme, les apparitions de Tilly n'en perdent pas pour cela leur réalité.

Admettons un instant l'hypothèse.

Ou bien il y a, ici, hallucination *complète,* ou bien nous sommes en présence d'une hallucination *incom-*

plète, que ce soit par *suggestion* ou *auto-suggestion*. Les cas d'auto-suggestion sont beaucoup plus rares que les autres, de l'avis de tous les hypnotiseurs de marque.

Il faut ordinairement que l'hypnotisé soit plongé dans un état de sommeil provoqué par les passes ou le commandement et que, le sommeil une fois survenu, la *suggestion* lui vienne du dehors dans tel ou tel ordre d'hallucinations. La variété des hallucinations hypnotiques, que ce soit par auto-suggestion ou par suggestion, ne se produit que par la variété des idées hallucinatoires, imposées au sujet impressionné hypnotiquement par le commandement actuel ou antécédent de l'opérateur, lequel, du reste, ne peut acquérir, nous est-il enseigné, un sérieux empire sur le sujet que par des opérations répétées.

Et toutes ces manœuvres hypnotiques ne se poursuivent pas longtemps sans que la santé du sujet n'en reçoive un fâcheux contre-coup. « On rend malades les sujets sains », c'est là une vérité qui est passée à l'état de premier principe.

Rien de pareil ne pourra être constaté chez les nombreuses *voyantes* de l'école des sœurs.

Mais examinons plus attentivement les diverses hypothèses.

S'il y a hallucination *incomplète,* la science affirme les principes suivants, que nul ne pourra nier :

« L'esprit du malade n'est pas toujours dupe. Bien loin de prendre ces visions pour la réalité, il les compare avec les sensations normales passées ou concomitantes, et les distingue fort bien. Il les contrôle aussi avec les données de sa raison ; il les trouve ridicules, invraisemblables, extravagantes, contradictoires avec ce qu'il sait de son état présent, et comme il conserve son sang-froid et sa lucidité d'esprit, il n'y ajoute pas foi et s'en amuse plutôt, ou du moins il attend patiemment que la crise ait passé; tel est le cas de l'hallucination simple. »

Ce n'est pas le cas présent, à n'en pas douter. Les nombreuses personnes qui ont vu de l'école des sœurs et observé les mêmes apparitions n'ont jamais eu conscience d'une pareille erreur de leurs sens.

Nous serions alors en présence d'un effet d'hallucination *complète,* pour chacune des soixante-dix ou quatre-vingts voyantes, ce phénomène se répétant chez *toutes autant de fois* qu'elles auraient cru percevoir la vision ?

La chose est-elle croyable ?

Où serait le germe de tout cela ? De toute la journée il n'a été question de la Vierge. Une enfant la voit, puis une sœur et trente enfants à la fois, enfin deux autres religieuses avec trente autres petites filles.

Toutes ces voyantes, par une archi-merveilleuse auto-suggestion, seraient le jouet de la même illusion, et quelle illusion ! Et cette hallucination aurait duré, à chaque fois, le même temps pour chacune d'elles. Que d'impossibilités !

Ou bien alors la première petite fille aurait inconsciemment suggestionné tout le monde, maîtresses et élèves !

Comment tous les hypnotiseurs de l'école de Paris et de Nancy ne sont ils pas sur les lieux pour vérifier ce cas unique ?

M. le Dr Dariex, directeur des *Annales des Sciences psychiques,* est, je le crois, un directeur très embarrassé. Il se fait renseigner par lettres des incidents de Tilly. — Que n'est-il là, jour et nuit, comme tous ceux qui veulent étudier ces faits merveilleux ; il éviterait ainsi plus d'une erreur, plus d'une fausse interprétation. En revanche, il serait peut-être de plus en plus embarrassé; ce qui n'est pas bon pour un directeur d'*Annales des Sciences psychiques.*

Donnons-lui un bon point pour cette franche déclaration : « C'est tout de même bien étrange des hallucinations collectives sur une aussi vaste échelle ! »

Oh ! oui, docteur, bien étrange !

Une remarque qui a trait à cette hypothèse impossible. Au début de l'Apparition, la sœur envoie chercher en toute hâte les autres sœurs et les enfants de la petite classe. On ne leur dit que ces mots : « Venez admirer ce que l'on voit là-bas ». Et ce serait par des mots aussi vagues que les nouvelles voyantes auraient été suggestionnées dans le sens d'une même Apparition ? Voyons ! les tempéraments ne sont pas tous les mêmes et il faudrait bien, au préalable, un petit entraînement pour obtenir une hallucination collective aussi bien réussie !

Et ces détails variés des *mains jointes,* des *mains bénissantes,* du *cœur sanglant,* du monument lumineux, etc., etc.

Encore de l'entraînement pour tout cela !

N'y a-t-il pas de quoi désespérer tous les directeurs d'*Annales psychiques* du monde entier !

Je vais encore vous étonner :

L'Apparition s'est montrée bien des fois et ce n'est pas toujours, loin de là, au moment où l'on priait le plus ardemment. Plus d'une fois, les chapelets ont été remis dans les poches avec un gros soupir.

Ces enfants, le 27 mars, ne pensaient qu'à secourir leur maîtresse qu'elles croyaient tombée, et brusquement leur apparut Celle qu'appelaient vainement, depuis une demi-heure, les plus ferventes prières.

Jamais ces enfants n'avaient tant prié que depuis le

2 mai, jamais elles n'avaient plus désiré de *voir*; elles s'imposaient, à cette intention, des quarts d'heure d'un silence bien méritoire... Or, depuis le 2 mai, les pauvrettes n'avaient pas revu l'Apparition. Elles en ont pleuré plus d'une fois.

Il a fallu attendre jusqu'au 11 juin ! plus d'un grand mois !

Voilà qui est bien fait pour confondre la science hypnotique.

On raisonnerait indéfiniment sur ce cas merveilleux.

Un dernier argument :

Dans le cas présent, l'hallucination, — supposons-la réelle, — doit être manifestement du nombre des plus complètes. — On l'explique comme il suit :

« Dans le cas d'hypéresthésie ou de surexcitation morbide *exceptionnelle* du système nerveux, les représentations de l'imagination peuvent atteindre une vivacité d'*éclat*, une *puissance* de coloris capables de contrefaire la vivacité des *sensations normales*. Bien plus, si nous en croyons les médecins spécialistes, l'image cérébrale, revenant pour ainsi dire sur ses pas, peut ébranler de nouveau les bâtonnets de la rétine d'où elle est partie et y provoquer par contre-coup de véritables *images consécutives*, contrefaçons encore plus saisissantes de la vision normale; puisqu'elles sont sujettes à une projection extérieure non seulement imaginaire, mais réelle. »

Evidemment, dans l'hypothèse d'une hallucination naturelle, il faudrait supposer un cas de ce genre, c'est-à-dire une crise qui fût dans les conditions les plus complètes du cas physiologique, car il ne s'agit pas seulement ici, — ce qui serait déjà admirable, — d'imiter les sensations normales de la *vision ordinaire* d'une vue de fantôme terne et indécis, mais de contrefaire une vision excessivement radieuse, si rayonnante que l'école en paraissait illuminée.

Un pareil résultat ne paraîtra-t-il pas, de prime-abord, dépasser les forces de l'hallucination naturelle ? Et surtout ce cas si complet, si peu ordinaire, se produirait-il à *chaque fois* et *chez tous en même temps*, dans des conditions telles que les *Annales psychiques* ne pourraient citer *un seul fait* qui puisse se comparer, même de loin, à une aussi radieuse hallucination qui dura, le 11 juin dernier, trois heures entières !

Admettons cependant l'hypothèse de l'hallucination. On me concédera bien qu'elle est d'une telle intensité que les bâtonnets de la rétine ont dû recevoir le contre-coup de l'image cérébrale et que, dès lors, il y a eu production d'une image *consécutive,* extériorisée comme toutes les images consécutives, et suivant des lois fixes de projection.

Or, il est scientifiquement sûr que, dans toute vision hallucinatoire par image consécutive, le visionnaire extériorise sa vision *de tous les côtés* où il porte le regard, et *projette* sa vision sur les obstacles opposés comme sur un *écran*.

Les enfants, pendant ces trois heures de vision, auraient dû projeter, et en raccourci, leur vision sur le mur blanc du fond de la classe à toutes les fois que leur regard quittait brusquement la Vision pour se fixer sur leur maîtresse ou ailleurs.

Direz-vous que les voyantes — avec un extraordinaire ensemble — s'imposent, par une auto-suggestion inconsciente, de ne voir que de ce côté? Mais les lois de l'optique ne peuvent changer selon les désirs. Il est certain, comme le déclare Helmoltz (*Opt.* II, 472), que les vibrations rétiniennes — et surtout d'une pareille intensité — ne s'éteignent pas tout d'un coup : elles ne s'effacent que *graduellement*. Les voyantes auraient dû, dans un cas d'hallucination de ce genre, voir se fondre leur vision, à chaque fois, pendant l'espace de quelques secondes.

M. le commissaire de police D. B., qui fut favorisé de cette vision et qui dut s'arracher de ce lieu béni pour reprendre le train, — il ne peut pas se le pardonner, — essaya par tous les moyens de dissiper l'enchantement.

Vains efforts. Pour lui, comme pour les voyantes de l'école, il faut toujours regarder l'Apparition pour voir. Cette image n'était donc à aucun titre subjective, mais objective, mais extérieure à l'organe visuel.

Je ne crois pas qu'un homme de science puisse rejeter cet argument.

Ou bien alors il n'y avait pas d'image *consécutive*. Dans quel cas d'*intensité* existera-t-elle alors? Du reste, l'image consécutive *seule* imite réellement la vision normale. Et si nous retombons dans l'hypothèse d'une hallucination vulgaire, sans intensité, terne et indécise, on se heurte aux mêmes difficultés que j'ai signalées.

Et toujours se pose cette question : Pourquoi les enfants ne voyaient-elles pas les yeux fermés cette image purement subjective et nullement extériorisée? — Répondez, s'il vous plaît.

On n'a pas idée des sottises que ces événements font dire aux savants, ou plutôt aux prétendus savants.

Je cueille une de ces perles dans le *Moniteur du Calvados* (11 juin 1896); je n'en priverai pas le lecteur.

Les Explications du Docteur B.

Le docteur B., médecin de la capitale, s'il vous plaît, considère le plus grand nombre des visionnaires comme d'une absolue bonne foi. — Jusqu'ici nous nous entendons. — D'une part il écarte toute idée divine par ce motif, qui lui paraît anormal, que la Vierge se tienne à la disposition du public pour ne rien dire (1). — D'autre part, il repousse le diable parce qu'il ne voit pas bien quel avantage le diable, si diable il y a, retirerait de tout le mal qu'il doit se donner pour se présenter sous les traits de la Mère de Dieu.

Donc, conclut le docteur B., on se trouve en présence d'un phénomène qu'on *doit pouvoir* expliquer naturellement.

Comment? par l'hypnose, évidemment..

Mais tout d'abord il faut écarter l'idée d'une hallucination *collective;* cela rentre, dit-il, dans le domaine de la féerie. — Je suis encore de cet avis et j'admets ses raisons : trois ou quatre cents personnes (mettez : au-dessus d'un millier, docteur) hallucinées par persuasion, surtout quand par nature elles ne sont pas portées vers les choses religieuses, cela est de pure impossibilité. — L'hallucination collective se comprendrait de la part de bonnes dévotes crédules, mais pas autrement.

Voici maintenant la perle :

« *Ce qui paraît le plus probable* — tenez-vous bien, lecteur, je vais vous porter un coup ! — *C'est qu'il existe à Tilly un hypnotiseur, un transmetteur d'une force peu commune* (oh ! combien peu !) *qui imposerait à distance sa volonté* suivant son caprice, aux personnes *faciles à suggestionner*. — Scientifiquement la chose

(1) Je répondrai plus loin.

est possible. Pourquoi ne serait-elle pas mise en pratique. »

C'est dommage que l'auteur de cette trouvaille ait tenu à signer d'une manière illisible. Il est par trop modeste.

Le *Moniteur du Calvados* met plaisamment trois gros points d'interrogation à la suite de cette communication désopilante.

Voyons! docteur, vous vous opposez quelque peu à vous-même. Quoi! ces hommes que vous trouvez trop mal disposés pour une hallucination collective, parceque ce ne sont pas des dévots, des sujets préparés, seraient d'excellents sujets pour l'action du mystérieux et plus que féerique hypnotiseur de Tilly? — Pourquoi les appelez-vous des sujets *faciles* à hypnotiser, puisque vous avez commencé par les écarter pour un motif contraire.

Vous rejetez l'hypothèse de l'hallucination collective par auto-suggestion, et vous revenez à l'hallucination collective par suggestion. — Ces deux hypothèses se confondent pour qui veut examiner le processus inévitable du phénomène supposé. — Dans le dernier cas, c'est un hypnotiseur qui imposerait l'hallucination par suggestion. — Dans le premier, c'est le voisin qui impressionnerait sa voisine, toujours par suggestion et comme par entraînement. — La dévote suggestionnerait ainsi le non dévot, et ainsi de suite.

Tout le monde abandonne l'hallucination collective, le Directeur des *Annales psychiques* le premier, et c'est pourtant la seule planche tendue aux hypnotiseurs pour échapper au naufrage scientifique.

Songez qu'ici il n'y a pas possibilité de rester dans le cas d'une hallucination particulière; on est forcément jeté en pleine hallucination collective. — Reléguer l'une dans le domaine de la féerie, c'est y reléguer l'autre. — C'est fatal !

Tenez, je vais vous donner une explication à laquelle personne ne me paraît avoir pensé : Tous ces gens-là s'hypnotisent en regardant l'arbre quand passe un rayon lumineux sur sa cuirasse brillante de coaltar... — Est-ce trouvé, cela !

Ce qui gêne un peu l'hypothèse, c'est que le coaltar n'a pas toujours remplacé l'écorce disparue, et les visions ont suivi leur cours. — De l'école, à 1,200 mètres, on ne voit pas la noire cuirasse qui, du reste, ne dépasse pas la hauteur de la haie, tandis que la vision rayonne au-dessus. — Et la nuit? La lueur tremblante d'un pauvre cierge, qui n'y est pas toujours, n'a pas tant de pouvoir, allez ! surtout pour susciter des Apparitions qui s'élèvent dans le ciel et que suivent les regards avides des voyantes.

Je n'insisterai pas sur le *point brillant ;* vous n'êtes pas, je crois, de l'école de Charcot, mais bien de l'école de MM. Liébault et Bernheim. Vous tenez pour la *suggestion.*

Mais, est-ce que MM. Liébault et Bernheim vous accepteraient dans leur docte corporation? eux qui se défient si fort des effets obtenus à distance et que prônent les expériences de MM. Janet et Boirac. — Ces deux derniers, du moins, n'admettraient jamais qu'on pût influencer à distance des gens dont on n'a pas idée, dont on ne soupçonne même pas l'existence.

Admettons — et quelle supposition absurde ! — que notre hypnotiseur local aurait influencé les personnes du pays qu'il peut connaître, mais celles qu'il n'a jamais vues, dont il n'a jamais entendu parler, qui débarquent à la gare d'Audrieu – serait-ce le chef de gare? —, qui viennent par les voitures publiques de

Caen — serait-ce l'entrepreneur ? —, qui se transportent par des voitures particulières, en bicyclette ou pédestrement ??...

Voyons ! docteur, y pensez-vous ?

Diriger son influence hypnotisante sur des êtres qu'on ne conçoit pas, c'est embrasser toute la série des êtres possibles, c'est rayonner dans l'infini !

Oui, docteur, vous avez raison, il est d'une « force peu commune », votre *transmetteur !*

Après tout, notre hypnotiseur a peut-être spécifié qu'il dirigeait son influence sur tous ceux qui viendraient à Tilly, portant des cheveux blonds ou autrement ? — Je vous certifie que toutes les couleurs, tous les tempéraments y sont représentés. — Songez donc, un *millier* de voyants ! Je n'examine pas ici si tous ces voyants sont du même ordre.

Tenez, docteur, une explication du mystère qui vaut bien la vôtre.

Il y avait autrefois une herbe de sorciers : il y a, dans la région, une herbe *hypnotique ;* il ne faut pas en prendre la moindre décoction, pas plus qu'il ne faut y toucher de la semelle de ses souliers ! — Quelle est-elle ? je l'ignore, mais si vous voulez m'en croire, cette avoine, que M. Lepetit a semée sur cet immense plateau, et que tous les pèlerins foulent aux pieds, eh ! bien, elle ne me dit *rien de bon !*

Comme conclusion, je reprendrai la disjonction de votre argument général et je dirai en sens inverse.

Ou c'est un effet préternaturel, diabolique ou divin ; ou c'est une hallucination par l'entremise d'un hypnotiseur. Or, l'hypothèse d'un hypnotiseur est absurde ; d'autre part l'hallucination collective par auto-suggestion a été écartée.

Reste l'effet préternaturel ou divin.

Je me permettrai de dire : restent les deux effets, le préternaturel diabolique et le divin. — Ce qui vous explique, à la fois, pourquoi il est inutile de s'étonner que la Vierge soit continuellement à la disposition de tout le monde, puisque le démon s'y manifeste de son côté.

Dans quel intérêt ? dites-vous. — Pour le motif qui l'amène toujours : troubler les esprits et le jugement, et empêcher que le divin ne s'affirme aux yeux de tous, car s'il sait que le triomphe reste toujours aux œuvres de Dieu, il sait aussi que plusieurs en retireront quelque dommage, quand ce ne serait qu'un accroissement d'impiété.

Je tenais à déblayer quelque peu le terrain dans ces premiers pas de notre marche à travers le merveilleux, où l'objection vous arrête à chaque détour du chemin.

Nous reprendrons plus vivement notre marche.

Une Visite à l'École

Je placerai ici le récit abrégé de ma première visite chez les sœurs.

Par une permission toute spéciale, je vis s'ouvrir devant moi la grille cadenassée.

Je pénétrai dans la classe où les enfants m'attendaient pour réciter le chapelet.

Vous ne sauriez croire à quel point toute l'école, maîtresses et élèves, m'a fait une favorable impression.

Quelle fraîche mine et quel bon air de franchise chez toutes ces fillettes qui gardent avec un naturel parfait la gravité que commandent les récents événements.

La maîtresse, d'un geste simple, ouvrit la fenêtre qui

donne sur le champ. Les fillettes, habituées à ces étonnants préparatifs — qui n'étaient pas sans me faire, à moi profane, une certaine impression —, apprêtaient leur chapelet.

Vrai ! me dis-je, en m'agenouillant près d'une chaise, on ne voit cela qu'une fois dans sa vie, même quand on est bien favorisé !

Le chapelet commença. — J'examinai l'attitude des enfants qui se trouvaient devant moi. — A chaque instant, les pauvrettes jetaient un regard furtif vers le coteau verdoyant, puis baissaient tristement la tête. Je trouvai que tout cela sentait bon le naturel parfait et la simplicité naïve.

On ne vit rien ce jour-là, et Dieu sait si le désir de *voir* fut intense. Depuis le 2 mai, les enfants ne *voyaient* plus ; nous étions alors au 27 du même mois. — Les sœurs avaient *vu* dans l'intervalle.

Je revins de la maison bénie, convaincu de la sincérité de toutes ; et j'étais vraiment ému lorsque le soir, au salut de la paroisse, j'entendis les heureuses fillettes chanter précisément ces paroles du cantique : *Au ciel.*

J'irai la voir un jour
Cette Vierge immortelle
Bientôt j'irai près d'elle
Lui dire mon amour.

Conclusion de cette première Discussion

Je dois m'arrêter un instant à cette première manifestation du préternaturel que nous étudions. — C'est le point culminant du merveilleux événement. — C'est aussi le plus lumineux, le plus éclairé. — Après ce que nous venons de raconter, l'affirmation ne paraîtra pas donnée à la légère.

Certainement, à l'école des sœurs, il y a apparition d'un *Être* surnaturel. — Nous ne discutons pas, entre chrétiens, la *force psychique*. — Du reste, Messieurs les producteurs de *périsprit* ont besoin d'une demi-obscurité ; il faut baisser le gaz jusqu'au point où on obtient le *blue light*, et avoir grand soin d'écarter les rayons *jaunes* et aussi les rayons *rouges* du spectre solaire. Demander à un spirite d'opérer en plein jour, ce serait demander au photographe d'opérer en plein soleil la mise de ses plaques en châssis ! — Passons !

Cet être surnaturel, quel est-il ?

La Vierge, Mère de Dieu. — C'est la conviction intime de toutes ces âmes pures et ferventes qui ont tant prié pour déjouer les ruses du démon. — Ces enfants, ces religieuses, plusieurs dames pieuses et intelligentes, l'ont comme *sentie* à sa beauté *rayonnante*, à la *joie* qu'Elle leur donne, à la *ferveur* qu'Elle leur inspire.

L'auteur de *Lucifer démasqué*, cet archiviste récemment converti, a bien décrit ce genre de beauté satanique dont il eut un jour la vision dans une figure de femme :

« Aujourd'hui que je contemple la douce et pure figure de l'Immaculée..., je sens toute la différence des deux beautés : celle de Marie si divinement belle, si noble, si sainte, si divinement douce, si liliale et si *calmante* ; celle d'Hélène (forme féminine de Satan) qui *bouleverse*, qui *trouble*, qui *exacerbe* les nerfs, en agitant les ondes coupables du cœur déchu. »

Pour revoir l'Apparition, les enfants se mortifient et pleurent : jamais la frayeur ou l'angoisse ; toujours le désir de revoir cet *Être* ravissant qui bénit, qui rayonne plus divinement quand la prière monte plus ardente.

Quelle tristesse quand la Vision va disparaître.

« Encore ! encore ! » s'écrient maîtresses et élèves. — La prière redouble et la Vision se montre plus resplendissante.

Au jour de la Compassion, quand tous les fidèles doivent s'unir aux souffrances de la Mère des Douleurs, l'Apparition se présente ayant le côté ensanglanté.

Le mercredi saint, à l'entrée de la douloureuse semaine, Elle rayonne encore au-dessus de la haie, mais moins brillante cependant et comme voilée par le deuil des divines humiliations.

Voilà trois mois et demi que cela dure. Et toutes ces Apparitions respirent la piété et la dignité ; elles inspirent un plus grand amour de Dieu et de sa Sainte Mère. Les enfants de l'école ne sont plus les mêmes : leur piété a doublé, m'affirme le vénéré doyen. — Le pays tout entier se pénètre de surnaturel.

Satan peut-il à ce point se transformer en ange de lumière ? Peut-il à ce point ruiner lui-même ses intérêts de haine et de perdition ?

Voilà trois mois que l'on prie, à l'école et dans les communautés, pour éloigner Satan et obtenir qu'il se trahisse dans ses œuvres, et Satan reviendrait toujours pour tromper par plus de beauté apaisante, pour attirer par plus de gestes bénissants !

Montrez-moi le divin plus éclatant dans l'un quelconque des pèlerinages célèbres.

Eh bien ! quand ce fait existerait seul, ce serait assez, je pense, pour exiger l'enquête.

Les Apparitions de l'école constituent le fait capital ; toutes les autres s'y rattachent et doivent s'y rapporter, si elles sont divines. C'est la pierre de touche pour discerner la contrefaçon. Et il faudra écarter du divin tout ce qui ne se distingue pas par des caractères identiques de piété et de dignité, tout ce qui montre un côté louche ou ridicule : l'intervention diabolique se trahit à ces signes, et nous verrons que le démon s'agite fort autour du fait divin.

COROLLAIRE

Faits qui peuvent se rattacher à ce premier groupe

En quittant l'école, je descendis la longue rue montante qui conduit aux parties basses du village, en compagnie du vénéré doyen de Tilly.

Et à chaque instant :

— Voyez-vous cette dame qui vient de ce côté, c'est une de celles qui ont vu de la maison des sœurs.

— Cette jeune fille qui passe, c'est encore une voyante.

— A gauche, demeure M. X..., un des voyants.

— A droite, Mme Z... et sa fille ; elles ont *vu*.

Et c'est ainsi jusqu'au bout.

Ils sont là, dans le seul pays de Tilly, qui compte à peine un millier d'habitants, peut-être *trois cents* témoins, qui ont vu, suivant les jours, les uns une Vierge en Immaculée, souriante et bénissante ; les autres une image rayonnante sur fond d'azur ; d'autres enfin une chapelle resplendissante.

Les noms de ces voyants et leurs dépositions sont au dossier.

Je ne veux point faire ici l'énumération fastidieuse de

faits déjà connus et qui se ressemblent. — C'est à un autre point de vue que je considère les événements.

Plus de *mille* personnes de tout âge, de tout sexe, de toute condition, pourraient témoigner dans cette affaire, et le nombre s'en accroît tous les jours.

Les *hommes* sont *nombreux*, ce qui n'est pas fait pour fortifier la doctrine de l'école hypnotique de Paris.

Par une curieuse disposition d'en-Haut, le monde officiel ou quasi-officiel se trouve compromis dans cette affaire.

Nous trouvons mêlés à ces événements :

Un facteur des postes, un greffier du tribunal de Saint-Lô, le notaire de Tilly, un conseiller d'arrondissement, un fonctionnaire, et, depuis quinze jours, un commissaire de police d'un des quartiers de Paris..., et d'autres encore qui désirent garder l'anonymat. — Ces messieurs comprendront, je l'espère, qu'ils n'ont pas le droit de dissimuler pour toujours un témoignage aussi imposant que le leur. — Jésus-Christ veut être confessé devant les hommes ; la Mère a droit aux mêmes égards. — Une faveur comme celle d'avoir touché des yeux le *préternaturel*, surtout s'il est divin, comme il me paraît l'être en partie, oblige bien à quelque chose.

J'en dirai autant de M. l'instituteur. Il peut témoigner, si le cœur lui en dit, que sa très jeune enfant s'est extasiée devant la belle Dame qui apparaît à Tilly.

Discussion de ce Corollaire

On s'est étonné de la *variété* de ces Apparitions. Les théologiens voient là une note étrange si on compare ces façons d'apparaître aux modes d'apparitions que la Vierge a choisis jusqu'en ces temps.

La réflexion est juste. — Mais ces *modèles* qu'on donne comme points de repère dans les études de théologie mystique, sont nés eux-mêmes des faits passés, autant qu'ils reposent sur l'expérience.

Un des grands principes qui dominent tout et seront toujours applicables est celui-ci : Ces manifestations doivent toujours respirer la dignité, la piété ; et leur effet doit être de rendre meilleur et de donner un nouvel élan à l'esprit religieux et à la foi des peuples.

Qu'importe, à un certain point de vue, que la Vierge apparaisse différemment dans des visions successives, si Elle se révèle à un nombre suffisant de témoins pour que chaque fait soit dûment constaté.

Quant aux visions *simultanées différentes,* — il s'en est présenté plusieurs cas, et j'en ai observé moi-même les sujets, — je prétends bien que leur origine divine est plus que douteuse. — Je le déclare déjà, — *je parle sous ma seule responsabilité,* — il n'y a parmi ces voyantes et voyants *habituels,* au *champ* Lepetit, qu'une *seule voyante* qui soit d'ordre divin. — Je m'expliquerai plus loin.

La Vierge, cependant, et à de rares fois, paraît s'être manifestée à plusieurs, et comme en passant, sous un extérieur différent. — Mais ce mode d'Apparition est encore digne de la Reine des cieux, ne renferme aucun caractère de ridicule et met en relief l'admirable privilège de sa Maternité divine.

Dans la forme vivante, c'est en Vierge Immaculée qu'Elle apparaît toujours aux sœurs et à Marie Martel ; et même pour les trois autres voyants attitrés c'est une image d'Immaculée qui apparaît. — Pour plusieurs, et transitoirement, dans des visions séparées, c'est en

Vierge Mère portant l'enfant Jésus qu'Elle s'est manifestée, mais alors Elle est revêtue d'un manteau bleu parsemé d'étoiles.

Pour l'école comme pour Marie Martel, les petits détails ont changé plusieurs fois ; les gestes varient suivant les demandes de prières ; les roses ont remplacé les lettres d'or vues à de précédentes visions ; l'Apparition se rapproche, s'abaisse ou s'élève gracieusement.

Ajoutez à cela la vision d'une croix étincelante et d'un ostensoir d'or, le jour de l'Ascension, l'apparition d'une chapelle miraculeuse qui se forme autour d'une image de Marie ou qui rayonne subitement auprès de l'arbre, et aussi quelques visions de statues dont l'origine divine ne semble pas toujours démontrée, par suite de certains détails inexpliqués et inexplicables s'il n'y a pas sous le sol une statue miraculeuse : c'est toute la variété incriminée.

Ce qui me frappe dans ces alternatives de visions qui se répètent, c'est que si la Vierge voulait proportionner les modes de ses Apparitions aux progrès de la science moderne, et mettre le *surnaturel* à l'abri des attaques de plus en plus perfides que les mystères de la psychologie, prétendue ou vraie, lui réservent, Elle ne s'y prendrait pas autrement, à mon humble avis.

Oui, cette variété, dans une certaine unité, me semble avoir sa raison d'être. Le ciel paraît vouloir renverser, et à première vue, tous ces systèmes troublants dont la science rationaliste abuse pour ruiner le surnaturel et dont l'influence se fait ressentir jusque dans les esprits les plus religieux.

Quand un savant, athée ou d'un spiritualisme plus que douteux, a prononcé les grands mots d'hallucinations post-hypnotiques et par auto-suggestion, tout le monde s'incline.

Voyez ce que défunt Charcot, à coup de gong, a pu obtenir de ses hystériques, à la Salpêtrière.

Or, je ne vois rien de plus contraire, de plus opposé aux insinuations scientifiques des adversaires du surnaturel que cette incroyable foule de témoins, qui voient et décrivent une même Apparition ; à certains jours, ils étaient là soixante, deux cents à contempler le même phénomène. Nous n'examinons pas pour l'instant à quel genre de préternaturel appartenait chaque Vision. — C'est quand même le naturalisme qui est confondu.

— Vous nous objectez, ô incrédules, des visionnaires au tempérament anémié chez lesquels l'illusion est facile, des femmes nerveuses par nature et impressionnables à l'excès.

Et parmi ces voyants, je puis vous citer nombre de personnes en possession d'une excellente santé, des hommes en grand nombre, des ouvriers du dur labeur, le robuste cultivateur qui se prosterne, tremblant d'émotion, et se traîne suppliant sur le sillon que sa charrue vient d'ouvrir ; je vous cite les ouvriers de la carrière qu'il entraîne vers le champ et qui voient se fondre le nuage miraculeux.

— Vous nous objectez l'*entraînement*, la *contagion hallucinatoire*, et je vous citerai de nombreux témoins qui ne pensaient à rien, comme ce facteur en tournée qui voit brusquement rayonner sur le plateau un monument dont il n'a jamais eu l'idée ou la préoccupation : il a entendu, sans doute, parler de la Vierge, et levant les yeux, par hasard, il voit briller la chapelle miraculeuse. — Et il n'est pas le seul témoin de ce prodige.

Je m'arrête un instant au cas peu connu du jeune enfant d'Audrieu, Jules Bellée :

Ce jeune garçon, âgé de 11 ans, est le plus candide enfant de la paroisse, affirme le vénérable curé. — Voici ce qu'il raconte avec une simplicité et une franchise qui en imposeraient au plus difficile :

— « Je suis venu plusieurs fois sans rien voir. Je vins un jour accompagné de mes parents et je me mis à prier comme tout le monde. Tout à coup, à mi-hauteur de l'arbre, je vis la Vierge revêtue d'un manteau bleu parsemé d'étoiles, portant l'enfant Jésus qui était bien beau. »

Notez qu'aucune statue semblable ne se trouve dans l'église de la paroisse.

— « La vision disparut. — Je continuai à prier et la Vierge se montra de nouveau. — Elle m'apparut ainsi quatre fois de suite. — La cinquième fois, et deux autres fois dans la même soirée, je la revis toute vêtue de blanc, comme N. D. de Lourdes, excepté que le nœud de la ceinture bleue était placé sur le côté, au lieu d'être au milieu. »

Je lui insinuai : « Tu ne voudrais pas mentir, n'est-ce pas ? » — « Oh ! non, *j'ai vu*, *j'ai vu !* »

Cette variété de visions n'est-elle pas faite pour confondre.

En hypnose, l'hallucination ne varie pas si la suggestion ne vient pas l'imposer de l'extérieur. — Le Dictionnaire encyclopédique des sciences médicales note la *pauvreté* d'imagination, et la *stérilité d'invention* chez les hallucinés.

— Vous nous objectez encore, messieurs les incrédules, les dispositions *fanatiques* des croyants. — Et je vous citerai des blasphémateurs, sur les lèvres desquels le blasphème s'éteint pour faire place à ce cri : « J'ai *vu*, je crois aux Apparitions! » — Je vous citerai des vélocipédistes qui viennent en curieux et en incroyants, et qui s'en retournent après avoir *vu*.

— Vous nous objectez souvent l'ignorance des visionnaires, ordinairement des enfants simples et naïfs, des femmes trop crédules. — Et je vous citerai de nombreux témoins d'un esprit cultivé, comme cet étudiant de Caen, comme ce greffier et ce notaire, comme ce conseiller d'arrondissement et ce magistrat parisien! Aucun ne craindra de venir témoigner à l'enquête.

Je me résume :

Oui, ce qu'il y a de remarquable, de stupéfiant même, c'est la variété des phénomènes surnaturels qui se succédèrent surtout au début. Depuis ce temps, il n'y a plus que des apparitions de Vierge animée. Mais toutes ces apparitions se ramènent à deux formes pour la Sainte Vierge : l'Immaculée-Conception, la Maternité divine. — Souvent, et surtout au début, comme pour répondre par avance au reproche d'hallucination, les détails changent : Au lieu et place des lettres d'or, il y aura des roses, les mains de la Vision seront jointes ou étendues, des rayons s'en échapperont ou un simple éblouissement; des cercles d'or environnèrent une fois l'Apparition, une autre fois, une étoile brilla au-dessus de sa tête : *Virgo Dei Genitrix*, *Stella matutina*, *Virgo immaculata*. — Si tout cela répugne, il faut rayer ces invocations des litanies.

Pourquoi le théologien se trouverait-il complètement troublé par ces manifestations diverses des attributs de la Mère de Dieu.

Et puis, autres erreurs, autres façons de les confondre.

La science ennemie est devenue si subtile et si déconcertante, qu'il faut bien que Dieu nous aide à reconnaître les manifestations certaines de l'au-delà, sans recourir aux Charcot et aux Bernheim. — Je constate que les théories de la suggestion hallucinatoire ne tiennent pas devant cette abondance de témoins et cet imprévu des manifestations.

C'est peut-être, dans ce genre inaccoutumé, une page nouvelle à inscrire aux traités de la Mystique divine et diabolique.

*
* *

De quelle nature seraient ces visions secondaires ? Parmi les nombreuses visions qui semblent se rattacher comme faits secondaires au fait principal : la Vision de l'école, et le confirment, beaucoup présentent aisément le caractère du divin. Ces Visions ont trait particulièrement à l'apparition d'une chapelle resplendissante. Les Sœurs, on s'en souvient, aperçurent un jour de la cour de l'école, le dôme d'un monument qui s'élevait sur le plateau.

La Vierge apparut également plusieurs fois à des voyants de passage, et dans des circonstances fort touchantes. — La nuit du 31 mai, en particulier, il se passa, au champ des Apparitions, des choses si extraordinaires que l'on a été, à minuit, faire lever, dans les hôtels, les infirmes venus à Tilly dans l'espoir d'obtenir leur guérison. — Cinq voyants, pendant des *heures* entières, priant avec des invocations à tirer les larmes. *Deux hommes* surtout étaient dans la contemplation. Quand les voitures du bourg ont amené les infirmes, on a conjuré la Très Sainte Vierge de guérir une jeune fille. La mère était là, suppliante.

M. Guérard, greffier du tribunal de Saint-Lô, était un des voyants et disait à la mère :

— « Oh ! madame, la Vierge regarde votre fille ! Elle vient jusqu'à ses béquilles. Elle les touche ! Oh ! Sainte

Mère, guérissez cette enfant ! — Vous la guérirez, n'est-ce pas ! — Madame, ayez confiance, la Très Sainte Vierge a incliné le front en souriant... »

Cette scène a duré deux heures. — *Quatre* voyants, les bras tendus vers l'Apparition, s'associaient aux prières et aux exclamations de M. Guérard. »

La plupart de ces visions, le premier moment de stupeur passé, font naître la joie dans les cœurs et incitent à la prière. — Un mouvement de conversion se détermine chez les voyants les plus rebelles aux exigences de la vie chrétienne.

« Bah ! s'exclamait l'un d'eux, ça ne changera pas trop mes habitudes. — Je ferai mes prières et ça suffira. » — Quelques jours après, il se présentait à la sacristie et, devant tous, foulant aux pieds tout respect humain, il s'écriait : « Monsieur le Curé, je n'y tiens plus, il faut que je fasse bien les choses. » — Ce jour-là, le diable aura été volé.

Il est bien impossible, vous le comprenez, lecteur, de donner une note théologique à ces centaines de faits différents. — Je n'essayerai de le faire que pour les principaux voyants. En attendant, je propose à l'usage de tous, la remarque suivante : *Quelle impression avez-vous gardée de votre vision passagère ? Quels sentiments intérieurs ?*

Je m'explique par des exemples :

— « Voyons, me dit un jour M. L..., que je rencontrai au champ des Apparitions, dites-moi donc ce que j'ai vu. — Une consultation ? Est-ce la Vierge ? Est-ce la contrefaçon diabolique ? — En tous les cas, j'ai vu quelque chose : Une image de Vierge au-dessus de l'arbre et dans l'air libre.

— « Quels sentiments de joie et de bonheur intérieur avez-vous ressentis, au moment comme après ? »

— « Bah ! répond-il en souriant, j'étais comme heureux au commencement. — Je courus déposer ma gerbe et mon chapeau sur une brouette. — Quand je revins, l'Apparition m'était toujours visible, mais je n'éprouvai plus rien. —

Bref, je doute que ce soit la Sainte Vierge en personne. »

Le lendemain, je fis visite à Madame L. J., femme intelligente et distinguée, et comme elle avait *vu* de la ferme de Me Travers et de la maison des Sœurs, je voulus recueillir son sentiment :

— « Quelle impression, Madame, vous fit la Vision dont vous fûtes favorisée à la ferme ?

— Oh ! je ne fus pas satisfaite du tout. — En effet, la nuit fut fort agitée, paraît-il ; cette dame, tourmentée par le souvenir de cette demi-vision, refusa de faire un voyage à Caen, et, voulant à tout prix tirer la chose au clair, dit avec vivacité : « Puisqu'on *voit* de chez les Sœurs, j'irai voir aussi. »

Chose remarquable, les Sœurs qui n'avaient pas *vu* depuis un certain temps furent favorisées ce jour-là, et Madame L. J. fut des leurs.

Je reprends mon récit :

— « Eh bien ! Madame, quelle impression vous fit cette seconde vision ? »

— « Oh ! excellente... J'étais heureuse... »

— « Vous reste-t-il le sentiment, la conviction d'avoir vu la Sainte Vierge ?

— Après un moment d'hésitation et avec un bon sourire : « Eh bien ! oui ! »

Le soir de ce jour, je me rendais au champ des Apparitions. Chemin faisant, je rencontrai une famille du pays qui montait le tertre. — Une fillette de onze ans se trouvait à côté d'une grande sœur. — Je vis à la physionomie de l'enfant qu'elle devait être de l'école congréganiste.

— « C'est elle, me dit la sœur aînée, qui a vu la première à l'école. — Et même, c'est une des rares qui ait *vu* également au champ des visions. »

— « Ah! dites-moi donc quelle a été votre impresssion quand vous avez *vu* ici. »

— « J'étais bien émotionnée, et pourtant je suis habituée à voir de l'école. »

— « Et quand vous voyez de l'école? »

— « Ce n'est pas la même chose. »

— « Si vous aviez à choisir entre la vision que vous avez eue ici et l'Apparition de l'école, laquelle aurait vos préférences?

Et aussitôt la fillette de me répondre vivement et avec un expressif jeu de physionomie : « Oh! mais, celle de l'école! »

— On pourrait se guider à l'aide de ces impressions car beaucoup, dans ces visions au champ Lepetit, connurent des sentiments absolument opposés : les uns furent ravis, les autres terrorisés. Tous, en tous les cas, ont été choisis par la Providence, pour être les témoins du *préternaturel* en face de notre société sceptique et railleuse. — C'est déjà une grande grâce, et un rôle peu vulgaire dans le cours d'une vie humaine. Pour tous, c'est le mystérieux au-delà qui s'est dévoilé à leurs yeux.

Qu'ils témoignent en conscience et sans respect humain, et ils auront droit à s'entendre redire par le divin Maître l'« *Euge serve bone* » de l'Évangile!

I. — GROUPE DE FAITS (SUITE)

Marie Martel

Parmi les voyantes du champ Lepetit, il en est une que je veux tirer du commun pour lui donner la place prépondérante, j'allais dire la place unique : c'est Marie Martel.

En le faisant, je sais que je me heurte à l'opinion publique, et même à M. Gaston Méry qui la tient pour une hallucinée, accordant à Louise Polinière seule le privilège de la vision *objective*. Je ne pense ni comme la foule, ni comme M. Gaston Méry. Je raconterai mes impressions suivant leur ordre chronologique. Elles se développent sous l'appel de ces trois questions :

1° La voyante est-elle sincère ; — 2° si oui, le phénomène tient-il à un état morbide ; — 3° si la vision est préternaturelle, de quelle nature est cette vision.

Les Visions et Extases de Marie Martel

Je me trouvai, le mardi 26 mai, vers 9 heures 1\|2, au champ des Apparitions, quand je vis une jeune fille pénétrer prestement dans le petit enclos réservé, en face de l'orme, et se mettre à genoux, en avant du groupe de curieux, séparée d'eux par une barrière.

Le nom de Marie Martel se murmura dans la foule,

Je m'approchai et me plaçai en bon lieu pour surveiller tous ses mouvements, car, je dois le dire, on m'avait fort prévenu contre cette jeune fille, sans trop la connaître, du reste.

Marie s'était mise à genoux très simplement, sans chercher du regard l'effet produit ; d'une belle voix, calme, recueillie, sans jamais retourner la tête, tout entière à l'attente, elle récita le chapelet.

On était arrivé à la 3e dizaine, quand brusquement, sans qu'un faiblissement ou une hésitation de la voix n'ait indiqué une défaillance quelconque, elle s'arrêta net, le regard ardemment fixé vers le lieu ordinaire de ses visions, à mi-hauteur de l'arbre mais de côté, sur la droite du spectateur, dans la trouée qui divise un peu la haie et permet d'apercevoir l'herbage.

Voulant à tout prix vérifier par moi-même le phénomène annoncé, je franchis la barrière et, une bougie à la main, j'examinai longuement la physionomie de la voyante, sans la perdre un instant de vue jusqu'à la fin.

La jeune fille paraissait tout absorbée dans sa vision ; la pose était parfaite. — Ses paupières demeuraient fixes sans jamais frémir, et aucun mouvement des lèvres n'indiquait qu'elle formulât une prière ; la bouche était légèrement entr'ouverte, surtout vers la fin de l'extase ; les yeux n'étaient en aucune façon convulsés, mais le regard était plein de clarté et de vie, bien droit vers la Vision. — A plusieurs reprises, deux ou trois fois en vingt minutes, la voyante remua les yeux, d'un léger mouvement horizontal, comme ferait le lecteur qui transporte son regard de la fin d'une ligne au commencement de la ligne suivante. — Elle paraissait vraiment examiner quelque chose ; ce n'était point le regard atone, fixé dans le vague, qu'on prête au cataleptique.

Aucune contracture dans les muscles du cou : je vis sa tête se renverser légèrement comme pour suivre le très lent mouvement d'une Apparition qui monte.

A cet instant, un ecclésiastique qui se trouvait près de moi voulut jeter de l'eau bénite. — Je lui fis remarquer que la Vision semblait monter, à en juger par le regard de la voyante, et que le phénomène, si phénomène il y avait, pouvait cesser de lui-même d'un instant à l'autre ; ce serait donc une erreur que d'en attribuer la cessation à l'influence de l'eau bénite.

Un moment après, la voyante revenait à elle, doucement, mais subitement et sans aucune transition, comme sans ombre de malaise.

Ce qui semble dominer dans cet instant où elle retombe sur elle-même, c'est comme un léger sentiment de tristesse — exprimé par un gros soupir — de se retrouver avec les réalités de la vie ordinaire.

Je lui demandai aussitôt, sans lui laisser une seconde de réflexion, de me dire ce qu'elle avait vu. Elle me fit aussitôt, sans hésitation aucune, en personne qui voit encore l'objet admiré, la description de l'Apparition, mais ce jour-là, et il en est toujours ainsi maintenant, au lieu des lettres d'or habituelles, il y avait sous les pieds de la Vierge sept roses, d'un rose très pâle. — Il est à remarquer que la femme du commissaire de police qui *vit* de l'école, signale également des roses d'un rose très pâle.

J'ai bien examiné l'extatique. Je déclare avoir constaté, comme M. Gaston Méry, l'insensibilité complète — la pauvre fille a été plus d'une fois cruellement pincée et piquée au bras — mais je n'ai point vu « l'étrange expression de béatitude », sur un visage qui se « crispe au coin de la bouche ».

Ce que j'ai constaté ce jour-là, et fait constater par des voisins, c'est une expression de douleur presque imperceptible voilant sa physionomie bien extatique.

Je pris Marie Martel à part, et lui fis raconter ses impressions : « Oh ! j'étais heureuse, dit-elle, jamais la Vierge n'avait été plus souriante qu'aujourd'hui. »

— Comment se fait-il, lui ai-je fait observer, que votre visage n'ait pas reflété cette joie ; vous paraissiez un peu douloureuse. — « J'étais pourtant bien heureuse, » me répondit-elle étonnée.

Alors voulant éprouver sa véracité, je ne lui cachai pas ma mauvaise impression, en des termes un peu exagérés ; je lui déclarai que sa physionomie devait nécessairement exprimer une joie intense.

Je pensais que, si elle agissait par simulation, elle voudrait tenir compte des remarques qui lui étaient faites.

Une seconde expérience devait me permettre de mieux juger l'état de Marie Martel.

Détail à noter : la jeune fille, comme pour tenir compte des remarques qui lui étaient faites, alla se confesser, le lendemain matin, à son curé. Or le bon curé ne veut pas la croire, raconte-t-elle sans amertume, et même l'apprécie assez sévèrement. Ce qui fait dire à Marie : « Je mérite des observations, — Marie Martel était très rieuse et enjouée — mais pas au point que plusieurs le donnent à croire. »

C'est pourtant à son curé, un peu sévère, que Marie Martel continue de venir se confesser, quand cependant elle était sûre d'être bien accueillie partout ailleurs.

N'est-ce pas là une note de bonne simplicité et de vraie humilité ?

Tout est à retenir dans une étude de ce genre. — Je reviendrai sur plusieurs détails.

Il est important de constater que Marie Martel à toujours eu une très grande dévotion à la Très Sainte Vierge ; elle a hérité cela de son excellente mère. — Tous les jours, et plusieurs fois le jour, depuis l'âge de trois ans, elle récite en l'honneur de sa divine patronne une longue prière, en bouts rimés, que sa mère lui a fait apprendre. -- Toute l'année, et depuis longtemps — Marie a 24 ans. — elle entretient, dans sa chambrette, un petit reposoir de la Vierge ; l'hiver, elle l'orne de fausses fleurs, et dès que les fleurs nouvelles apparaissent la petite table se couvre de gerbes odorantes et fleuries.

Pourquoi cette jeune fille, me dis-je à moi-même, ces détails une fois connus, n'aurait-elle pas la vision véritable? Elle n'était pas parfaite au début, mais la Vierge n'est-elle pas purificatrice. Cette âme, qui l'aime, n'est pas encore assez pure peut-être, et elle en *souffre* ; elle en *souffrait* encore plus au début.

Mes préventions commencèrent à se dissiper, surtout quand j'appris qu'elle éprouvait ainsi le besoin de se préparer aux faveurs divines.

Je voulus examiner ce cas jusqu'au bout.

Marie Martel reçut l'ordre de venir au champ des Apparitions, le lendemain. J'ai su, depuis, que ce jour-là, jeudi 28 mai, elle se confessa encore ; c'était la seconde fois en deux jours.

Marie se présenta à l'heure ordinaire avec une obéissance parfaite, sachant très bien que c'était pour l'éprouver qu'on la faisait venir. — Elle dut faire à pied, ce jour-là, pour l'aller et le retour, 15 kilomètres, dont cinq de minuit à une heure du matin.

Je l'arrêtai au passage, et lui insinuai de nouveau, à

voix basse, que sa physionomie était quelque peu douloureuse, la priant de demander à la Vierge une expression plus joyeuse.

Je comptais sur une simulation.

II. - La jeune fille se mit à genoux avec la même simplicité !

La petite Louise Polinière, une autre voyante dont nous parlerons, était là depuis une heure sans rien voir. — Les deux jeunes filles se mirent en prières. — Le chapelet commença.

J'observai les deux voyantes. — Marie Martel est tout entière au grand acte qui s'accomplit par elle. Elle me paraît plus pénétrée que Louise de la présence du surnaturel.

Le chapelet fut dit sans résultat. — Marie récita toute une série d'invocations. — Rien encore.

Je constatai avec satisfaction qu'elle ne copiait en rien les petits incidents de la première extase que j'avais pu observer.

Une longue prière suivit, celle dont nous avons parlé. — Vers la fin, il est question de l'âme qui veut s'élever dans les cieux par le ravissement des choses divines. — J'avoue que si l'extase était survenue à ce moment si bien fait pour frapper la foule et produire un effet assuré, j'aurais été fort mal impressionné.

L'extase ne vint pas. — Dans la foule un peu lasse d'attendre on commençait à causer à voix basse ; les deux jeunes filles elles mêmes échangèrent quelques mots.

Le chant des cantiques ramena tous les esprits au vrai but de cette séance nocturne.

Marie Martel, que j'observais chanter, s'immobilisa tout à coup, au moment où une seule bougie, respectée par la rafale, éclairait faiblement la scène : la voyante ne recherchait décidément pas les moments à effet.

Je vis qu'elle n'avait tenu aucun compte des remarques faites dans le but de lui faire modifier sa physionomie. — Ce n'était pas la joie factice qu'elle exprimait, mais une grande admiration, avec je ne sais quelle ombre que pourrait jeter sur l'expression du visage un grand sentiment de crainte respectueuse. — Non, cette fois, ce n'était pas douloureux, mais, encore une fois, avec l'admiration, un sentiment de crainte faite de *timidité* et de *respect*.

La direction du regard me parut plus élevée qu'au début de l'extase précédente. — Revenue à elle, Marie me déclara spontanément que la Vision s'était montrée plus haut que de coutume.

Ses regards n'étaient pas fixés dans le vague, mais remuèrent légèrement à plusieurs reprises.

Elle était inaccessible à mes paroles; ses paupières étaient immobiles sans un frémissement.

Voulant éprouver une dernière fois sa sincérité, j'allumai brusquement un fil de magnésium, et lui lançai dans les yeux des éclairs aveuglants. — Cette lumière éclatante n'existait pas pour ce regard qui semblait illuminé par des clartés plus radieuses.

Je dois, ici, une explication à M. Gaston Méry qui me met en cause dans son 4e fascicule.

De l'anesthésie et de l'expérience du magnésium, et de plusieurs autres, je n'ai nullement conclu à la non-hallucination, comme me le fait dire un correspondant de journal, d'ailleurs bien intentionné, mais j'ai conclu à la non-simulation.

La première conclusion, comme vous le dites fort bien, est au moins « inattendue ».

Ce qui n'est pas moins « inattendu », c'est que vous

me prêtiez ce manque de raisonnement après m'avoir par deux fois, pages 242 et 245 de votre brochure, décoré du nom de savant. — Je ne suis, en réalité, ni savant, ni à ce point irréfléchi.

Les lignes suivantes vous feraient, à ma jugeotte aussi, beaucoup moins honneur :

« A ma jugeotte, l'expérience (du magnésium) bien loin de prouver l'existence positive de l'apparition, démontrerait plutôt qu'elle n'était qu'une simple image, sans réalité extérieure (p 245). »

M. Gaston Méry est étonné qu'un éclair de magnésium ne fasse en aucune façon pâlir l'éclat du plus resplendissant des corps glorieux !

Revenons à Marie Martel.

A ce moment, je pris sa main gauche ; elle céda sans l'ombre de résistance, sans la moindre raideur, et le bras retomba doucement et mollement le long du corps. — L'autre main qui ne tenait en équilibre sur la hanche droite que par un léger entrelacement des doigts, glissa presque d'elle-même et le bras retomba du côté droit.

Dans tous ces mouvements, je l'affirme, pas *l'ombre de raideur*.

Pourquoi M. Gaston Méry a-t-il écrit : « Le bras cède sans *trop* de résistance », quand il aurait pu constater l'absence complète de raideur dans tout l'ensemble des mouvements.

J'insisterai sur ce point.

Les bras pendants, Marie restait toujours absorbée dans son extase, dans une pose saisissante de sincérité.

Elle revint à elle, comme d'habitude, sans crise, doucement et tout d'un coup. — Et comme en me répondant elle tenait encore son regard fixé vers le ciel, à la même hauteur, je lui en fis la remarque.

« Je vois toujours le nuage », répondit-elle. — Puis, un instant après, avec un soupir de regret : « Je ne vois plus rien. »

— Elle resta longtemps encore à genoux, répondant simplement et sans tourner la tête, à toutes les questions qu'on lui faisait de la foule : « Non, madame, — oui, madame. »

Je pris Marie un instant à part et lui fis des questions sur les sentiments intérieurs que cette Vision lui inspirait : — Elle désire beaucoup que la Vierge *parle;* l'Apparition se contente de sourire. — Je vous dirai plus loin, lecteur, ce qui s'est passé le lendemain 29 mai. Elle voudrait que tout le monde la vit comme elle, et surtout elle voudrait devenir *meilleure*. Enfin, elle éprouve une grande joie à revoir l'Apparition.

Il est sûr qu'elle ne recule devant aucune fatigue pour revenir prier au champ Lepetit.

Voilà, en résumé, les impressions de ma première enquête sur Marie Martel. — Je les compléterai par la suite.

Je voulus aussi recueillir des renseignements précis sur la première Vision de Marie. En voici le récit fidèle émanant d'un fondé de pouvoir, M. B..., qui fut témoin du fait. Il faut savoir que les premières visions de la voyante n'amenèrent pas l'état extatique.

« Louise Polinière priait ce soir-là sans rien voir, quand tout à coup une jeune fille de Cristot s'écria :

— « Oh ! qu'elle est belle ! Regardez-la donc ! Ah ! vous ne la voyez pas... Hélas ! (1) qu'elle est jolie !... Elle a écrit sous ses pieds, en lettres d'or : Je suis l'Immaculée-Conception. — Oh ! qu'elle est jolie !

(1) Cette interjection est prise constamment, dans le pays, pour exprimer l'étonnement, l'admiration.

— Demandez-lui ce qu'elle désire.

— « Ma bonne Mère, que demandez-vous ? Ah ! qu'elle est jolie ! La voilà qui s'avance... Chantez quelque chose. »

On entonne le *Magnificat* et le cantique au refrain : *Vierge notre espérance.* — Marie fait des gestes descriptifs aux deux hommes qui sont près d'elle.

« Qu'elle est jolie ! Ah ! qu'elle est jolie ! — Mon Dieu, qu'elle est belle ! » Tout cela est dit avec sincérité et émotion.

— « Elle a un diadème sur la tête formé de trois perles rouges et séparé par des perles jaunes et brillantes... Hélas ! qu'elle est jolie ! — La voilà qui s'élève dans l'arbre... Oh ! chantez !... » — On chante l'*Ave Maris stella.*

« La voilà qui se rapproche... Elle a posé ses pieds sur la haie. Elle me sourit et me tend les bras... Hélas ! qu'elle est jolie ! — Ah ! ma bonne Mère, que me demandez vous ? — Je voudrais qu'on l'aperçoive comme je la vois. Elle a une robe blanche et une ceinture bleue. »

On lui demande si elle est voilée. — Marie qui comprend par voilée l'effacement du visage sous le voile retombant en avant, répond :

« Non, madame... Elle a les cheveux épars, séparés sur le front par une raie, et ramenés en bandeaux derrière les oreilles... On les voit toutes... Mon Dieu qu'elle est jolie ! Elle a la figure rose et rayonnante. Voyez une étoile au-dessus d'Elle, au-dessus de l'arbre et des rayons qui descendent d'en haut sur Elle. — Hélas ! qu'elle est jolie ! »

A ce moment, le témoin, et plusieurs avec lui, ont vu plusieurs rayons nébuleux tombant verticalement le long de l'arbre ; il les a même dessinés en rentrant chez lui.

— « Les cheveux sont châtains, » répond-elle à une question. — Puis elle cessa de voir.

Les dix premières visions causèrent à Marie, sans troubler son ravissement, de véritables défaillances corporelles; la nature semblait succomber sous ce poids de gloire. — Mais jamais cette souffrance purificatrice ne troubla son âme, n'amoindrit son bonheur, *ni son désir intense de revoir*.

Bientôt, le premier dévoilement de l'Apparition commença à la jeter dans l'état extatique. — Maintenant même, son extase dure autant que la Vision. Quand elle revient à elle c'est que l'Apparition n'est plus là ; le nuage seul ne disparaît pas subitement à ses yeux, elle le contemple encore *revenue à l'état premier*.

Quelle singulière hallucination, n'est-il pas vrai? Monsieur Gaston Méry. — Je vais encore ajouter un détail qui gênera peut-être votre manière de concevoir l'hallucination.

L'autre jour, pendant sa vision extatique, Marie vit l'Apparition descendre jusqu'au pied de l'arbre, sur la partie du fossé qui se trouve en élévation. — La Vierge avait posé les pieds sur une pierre que la voyante n'avait jamais remarquée. - Marie aperçut une aspérité de cette pierre que les pieds de la Vierge laissaient à découvert. — Elle se promit de garder ce souvenir. Quelle singulière image *subjective* que celle qui *s'extériorise* d'une pareille façon ! ne trouvez-vous pas? car la pierre était là.

Le lendemain, la jeune fille ne manqua pas de courir au champ Lepetit, craignant pour son précieux trésor. Avec mille difficultés, elle parvint jusqu'à l'endroit béni, arracha la lourde pierre et la rapporta, sans oser en prendre sa part avant d'avoir obtenu l'autorisation.

On la divisa en trois portions. — Je possède un large

éclat pris sur la surface, assez étroite, qui émergeait de terre. — J'en suis ravi.

Mais si, par impossible, ma visionnaire est trompée par le Malin, — *je le saurai dans six mois*, — je vous promets, ô Papus, que je la destine à votre collection !

Il me semble que je blasphème en écrivant cette phrase !

Discussion scientifique et théologique des extases de Marie Martel

Je n'ai aucunement envie de suspecter les intentions de M. Gaston Méry, qui est un écrivain de talent et d'une probité hors de tout conteste, mais il me paraît avoir prononcé trop vite, à propos de Marie Martel, le mot de catalepsie. Puisqu'il veut bien me consacrer ces lignes, p. 245 du 4e fascicule : « Un prêtre, depuis mon départ de Tilly, a renouvelé sur Marie Martel les expériences que j'avais tentées. Il les a même poussées *infiniment* plus *loin* que moi », je suis obligé de lui dire que ce prêtre est précisément arrivé à des conséquences infiniment opposées aux siennes.

Parce qu'il a constaté chez Marie Martel une complète anesthésie, l'auteur en question se croit amené à lui reconnaître les caractères de la catalepsie et de l'hallucination ; il ajoute, il est vrai, que le bras a cédé sans *trop* de résistance.

Je fais appel à la loyauté de l'écrivain — : N'est il pas vrai que le bras céde sans résistance, et ne garde aucune des poses suggérées par le mouvement ?

Examinons plus attentivement le cas de Marie Martel.

1° — *L'anesthésie* complète paraît exister dans l'état de Marie Martel : elle est insensible autant d'un côté que de l'autre ; il n'y a pas seulement *analgésie*, ou insensibilité à la douleur, mais aussi disparition totale du sens du toucher. La vie semble tout entière réfugiée dans ses yeux qui sont très bons en tout temps, mais surtout au moment de la vision.

— Qu'on veuille bien le remarquer maintenant : l'anesthésie n'a jamais été une note qui aide à discerner l'extase *naturelle* ou *morbide* de l'extase *surnaturelle* — diabolique ou divine.

— La raison en est claire puisque dans l'extase surnaturelle il y a suspension des sens, bien que par une cause supérieure. Sainte Thérèse était insensible ; chez Bernadette on remarqua le même phénomène.

Donc, de l'anesthésie, personne n'a le droit de conclure à l'hallucination pas plus qu'à la catalepsie.

Je définirai, d'après les auteurs mystiques, l'extase surnaturelle, prise dans le sens plus étendu du mot :

« L'extase est une absorption intérieure de l'âme qui va jusqu'à interrompre dans le corps l'exercice des sens. — C'est la vie réfugiée, absorbée dans un monde idéal. — Tout à l'objet spirituel qui la fascine, (1) l'âme semble déserter le corps et, quand elle reprend ses fonctions, autant elle est *inconsciente de ce qui a pu se passer au dehors*, autant le souvenir *qu'elle garde de sa vision* est ineffaçable. »

Les conditions de l'extase sont donc :

---

(1) M. Gaston Méry, et bien d'autres, considère comme hallucinatoire toute extase qui se ferait par vision *subjective*. — C'est oublier que l'extase proprement dite, comme celles de sainte Thérèse, se fait par l'action divine à l'intérieur de l'âme. Une vision religieuse n'est pas nécessaire, l'action divine consistant en des illuminations purement intérieures et dans l'intuition claire et immédiate de la présence de Dieu avec les révélations qui l'accompagnent. — Il y a toujours, à la première période de l'extase ainsi comprise, suspension des sens.

N'abusons pas du mot *subjectif*, M. G. Méry, et gare aux plates bandes de la théologie.

La ligature des sens, la vision produisant des effets intimes, la mémoire de cette vision.

Et les conditions de cette mémoire sont de garder un souvenir *clair*, *précis*, *profond* de ce qui s'est vu pendant cette abstraction de l'âme.

J'admets avec Maury (*Le sommeil et les rêves*, ch. 10, p. 282), que « parmi les états morbides se trouve une certaine extase — du reste peu profonde — qui, amenée par la *concentration* de l'esprit jointe à l'anémie, cause des défaillances, un arrêt de la sensibilité extérieure, et une exaltation mentale. »

Cette crise, peu profonde et fugitive, se reconnaît par le *début*, *l'acte* même et la *suite*.

L'extase morbide ne survient que *progressivement*, à mesure que l'esprit s'enfonce dans la méditation du sujet absorbant et que l'épuisement de corps se produit. — Elle est rarement complète, nous disent les spécialistes, et des secousses suffisent pour en précipiter la fin. — Elle laisse de vives *fatigues*, un *grand épuisement*, un *souvenir nul* ou de vagues réminiscences de rêves.

Et les mystiques ajoutent à ce tableau purement médical : les effets *d'amélioration morale*, les *effets de grâces* sont nuls.

Notons, au contraire, avec Scaramelli, que le ravissement surnaturel est *soudain*, *complet*, et, quand il est divin, il refait le *corps* et *transforme* l'âme.

L'action du démon s'accuse par le *trouble*, l'*exacerbation*, la *fatigue morale*, les *vaines complaisances*, les tentations et les illusions, et on pourait ajouter, l'*entêtement* dans l'illusion.

Ces effets se montrent peu à peu et comme graduellement.

Etant donné que la sincérité de Marie Martel n'est pas mise en cause, de l'avis de M. Gaston Méry et de tous ceux qui ont pu examiner son état, il s'agit de savoir si les conditions de son extase cadrent parfaitement avec les données énoncées plus haut.

Je crois, pour ma part, qu'elles se vérifient pleinement.

— Son extase est soudaine, sans crise, sans l'ombre d'une agitation, ainsi que le retour à l'état ordinaire, sans *progression* au début, sans *déclin* à la fin. Ses yeux, loin d'être figés dans le vague et l'incertain, remuent et semblent chercher les détails de la vision.

— Le souvenir de cette vision est *clair*, *précis*, *profond;* jamais une hésitation, même lorsqu'aucun instant de réflexion ne lui est donné pour recueillir ses souvenirs. Aucun trouble moral, mais la paix et le bonheur, et non pas un sentiment indécis de bonheur passager comme chez plusieurs voyantes; mais profond et persistant.

Marie Martel semble vraiment *s'affiner* dans ce commerce avec un monde supérieur : je mets ici cette réflexion que m'ont inspirée mes observations des jours suivants.

La fatigue et l'épuisement ne se font aucunement sentir. Voilà plus de *quarante* fois qu'elle revoit l'Apparition et sa santé n'est en aucune façon ébranlée. Tous les deux jours, et parfois plusieurs jours de suite, elle fait 10 et jusqu'à 15 kilomètres, à pied, dans la nuit, et par tous les temps, pour revenir au lieu de ses visions. — J'aurai même à noter plus loin des détails fort touchants.

∴

Ce que je vais ajouter achèvera, si je ne me trompe, d'éclairer les esprits non prévenus, car s'il existe parfois un parti pris religieux, il est bien vrai qu'il existe trop souvent une sorte de fanatisme antireligieux.

J'ai dit plus haut que M. Gaston Méry, embarrassé de ne pas constater la raideur musculaire demandée pour les poses suggérées, s'était arrêté au mot de quasi-catalepsie pour dépeindre le cas de cette extatique qui a la voix « d'une douceur infinie », soit dit pour souligner, avec l'auteur, ce charme bien inconnu des catalepsiées de l'hystérie. On pourrait même s'étonner de l' « étrange béatitude » de ses traits, quand on connaît le « sourire hébété » des extatiques de l'hypnose. J'ai là des photographies prises sur le vif et qui dénotent chez tous ces *béats* une exagérée contraction des nerfs zygomatiques, qui donne à leur physionomie une « béatitude fort peu rayonnante » et parfaitement ridicule.

Écoutons les auteurs mystiques et les médecins :

« La catalepsie est moins connue par ses effets intimes « que par ses effets extérieurs : suspension soudaine de « la liberté des organes, des fonctions de la sensibilité « et de l'*intelligence*. Fixité du corps et des membres « qui s'*immobilisent* dans les attitudes où la crise les a « surpris, et en même temps souplesse singulière aux « impulsions qui viennent d'une main étrangère : les « membres *prennent* et *gardent toutes les positions* « qu'on leur donne.

« Pour le cataleptique, le temps passé en cet état ne « *compte pas :* le cataleptique *reprendrait* une phrase « commencée. »

Et maintenant le *Dictionnaire des Sciences médicales* de Dechambre (T. 13, art. Catalepsie) :

« Quand la catalepsie est complète — et c'est la seule certainement qui présente une similitude avec l'extase — les facultés *mentales* et toutes les manifestations de l'*entendement* et de la *pensée*, tous les modes de la sensibilité, le *tact*, la *vue*, l'*ouïe*, l'*odorat*, le *goût* sont interrompus et comme paralysés.

Un des traits de l'état cataleptique complet, c'est que le malade revenu à lui-même n'a nulle *conscience* de son état, et ne garde aucun *souvenir* de ce qui s'est passé pendant la crise. »

Et les docteurs en hypnotisme notent également que si les membres prennent sans résistance les positions qu'on leur donne, du moins ils *gardent* indéfiniment les *positions* les plus *pénibles*. Souvent la contraction des muscles du bras est telle qu'on le *briserait* plutôt que de le faire ployer. — Un mouvement *imprimé* au bras se continue indéfiniment.

Remarquons encore, pour ne rien oublier, que chez le catalepsié laissé à lui-même, si on empêche la lumière de venir jusqu'à ses regards, les yeux se *convulsent* vers le sourcil, sous les paupières frémissantes; puis le sujet fait entendre un léger *hoquet* et tombe en léthargie.

Je noterai encore, toujours avec les hypnotiseurs, que dans cet état « les yeux sont ouverts et fixes », la physionomie est *inerte* ou porte d'elle-même l'empreinte de la *colère*, de la *frayeur*, ou des passions qu'on lui inspire, car dans cet état la suggestion est très facile.

Je le demande, est-il une seule de ces notes qui convienne à Marie Martel ?

Les membres souples ne gardent aucune des positions qu'on cherche à leur donner, les bras retombent le long du corps et ne peuvent plus reprendre la position première si on ne refait pas l'entrelacement des doigts.

— L'expression du visage paraît se modifier selon les états d'âme : le 19 juin, au soir, elle eut un jeu de physionomie d'une expression toute céleste. C'est toujours une très belle et très noble expression qui ravissait un élève de l'école des Beaux-Arts.

— J'ai essayé, après m'être mis en rapport d'influence avec elle, de lui suggérer un changement, tel que la cessation de sa vision, mais bien inutilement. — Ses yeux privés de lumière, dans l'expérience qui fut faite le 28 mai et depuis, ne se sont en aucune façon convulsés. — Les yeux ne sont point figés : ils remuent, comme pour examiner. — Les paupières ne sont jamais frémissantes.

L'usage des sens inférieurs paraît seul suspendu.

Les « facultés mentales » et toutes les « manifestations de l'entendement », pour parler avec le *Dictionnaire*, sont en plein exercice.

Une mémoire parfaite de sa vision. — Pas de fatigues, pas d'épuisement, aucune suite morbide de son extase.

RÉPONSE A UNE OBJECTION

Les premiers effets de Vision chez Marie Martel

Quelques détails des premières visions de Marie Martel semblent, de prime abord, devoir embarrasser le théologien.

Ainsi les 10 premières visions amenèrent chez la jeune fille — avant ses extases — une émotion telle qu'une sorte de défaillance se produisait. — Elle était bien heureuse, cependant, et d'un bonheur *persistant*, ce qui ne s'observe pas chez la plupart des autres voyantes.

Il faut se rappeler ce que nous avons dit au commencement.

Marie Martel semble éprouver un grand travail de perfectionnement moral. — Son état d'âme, au début, n'était pas autant proportionné à ces faveurs surnaturelles, quoiqu'elle fût dévote envers la Très Sainte Vierge à un point qui dépasse l'ordinaire.

C'est pour ce motif que plusieurs, exagérant méchamment les reproches, se montrèrent et se montrent encore défiants à l'excès. — C'est oublier que Jésus attira vers lui la Samaritaine et Marie Madeleine. — Or, Dieu merci ! Marie Martel n'en était pas là. C'est une jeune fille à la figure honnête, que son naturel enjoué a fait à tort soupçonner par les malveillants, — et il s'en trouve toujours quand survient la faveur humaine et à plus forte raison la faveur divine.

Du reste, dans ces sortes de transformations, le principe est qu'il ne faut pas trop *s'arrêter au point de départ, mais beaucoup au point d'arrivée.*

Marie Martel accepte très humblement et très gaiement ces petits déboires de la critique. — Il faut le reconnaître, l'opinion publique — qui, du reste, est en train de se modifier — l'a peu *encouragée* à une *stimulation* quelconque ; c'était à renoncer à l'emploi de voyante.

Son état d'âme — les autres voyantes ne sont pas plus parfaites, je vous en réponds, et j'ai la prétention d'être renseigné — peut bien expliquer les défaillances du commencement, car, au début de ces révélations célestes, *les évanouissements peuvent être extatiques.*

Joseph Lopez Ezquerra (Lucern. myst. Tract. 5, nº 186) a écrit ces paroles qu'il faut méditer :

« Cependant les directeurs doivent être sur leur garde, car l'évanouissement lui-même peut être extatique. Il peut se faire, en effet, que l'illumination surnaturelle ravisse l'âme en l'élevant à des splendeurs divines, et que l'âme, encore *imparfaite*, se trouve saisie de frayeur à ce spectacle et soit sous le coup d'une émotion profonde qui la domine, la trouble et amène une défaillance corporelle. »

L'auteur achève de distinguer la défaillance naturelle de la défaillance surnaturelle par ces traits caractéristiques :

« Quand l'évanouissement est naturel il produit la faiblesse (persistante), le *dégoût* de la vertu, la *lassitude*, la *tiédeur* et le *désir du repos*.

« S'il est surnaturel, au contraire, quoique le corps puisse ressentir de la fatigue (pour un temps), l'esprit en sort *dispos*, alerte, *fervent* et *prêt* à tout entreprendre pour le bien de la vertu (Lucern. myst. T. 5, n. 19J). »

Il faut bien le reconnaître, l'état de Marie Martel n'accuse ni la faiblesse, ni la *tiédeur*, ni le *dégoût* de la vertu, ni le *désir* du repos.

J'achèverai de le démontrer par la suite. — Disons seulement que du 26 au 29 juin elle s'est confessée *deux fois* et a communié *une fois*. — Elle est au regret de n'avoir pas été plus *pieuse* jusqu'ici. — Elle voudrait voir la Sainte Vierge honorée ici par un culte public, et *mourir*.

Ces renseignements sont pris dans sa déposition du 29 juin, son unique déposition, et je les tiens aussi de sa propre bouche.

Ces quelques lignes prouveront jusqu'à l'évidence combien légers sont les expérimentateurs qui jugent ces cas compliqués d'après un simple pincement de peau, quand on sait, par ailleurs, que l'anesthésie peut exister dans l'extase surnaturelle ; il est vrai que, dans ce cas, elle n'est pas due à une cause morbide, mais à l'absorption du sens intime dans les milieux d'une vie supérieure.

5

*
* *

Déjà ébranlé par ces expériences, voici le raisonnement que je me suis fait à propos de Marie Martel :

Près de quinze jours avant toute apparition visible au champ de M. Lepetit, la Vierge apparaît aux religieuses et aux enfants de l'école. — Voilà la faveur première et capitale : c'est un privilège pour l'école et qui ne sera donné à ces voyantes que là seulement. — Les sœurs ne *voient* pas d'ailleurs.

L'Apparition se montre dans une admirable clarté et avec une netteté suffisante, comme je l'ai fait remarquer, et cependant, conservant quand même les distances, la Vierge semble dire que c'est là, sur ce plateau, qu'Elle veut être plus distinctement perçue. Si Elle doit parler, c'est de près qu'Elle parlera.

Il convient donc qu'Elle ait tout au moins *une voyante* au lieu même de l'Apparition que les sœurs eurent le privilège de découvrir, *avant et sans l'intervention* de Louise Polinière.

De plus, le peuple chrétien remué par ce prodige, dont la manifestation se fait en un lieu qui lui est accessible, puisque l'école doit lui demeurer fermée, a comme droit, ce me semble, à ce qu'une *voyante* soit son intermédiaire entre lui et l'*Être* mystérieux qui l'attire en ces lieux.

De ce chef encore, une *voyante*, au moins *une*, s'impose.

Quelle sera cette *voyante* de la Vierge ? Celle qui parmi toutes résumera les notes théologiques requises.

Je les reconnais en Marie Martel, et en elle *seule*. — Je parle des voyants *habituels*, c'est-à-dire de Louise Polinière, d'Augustine Troplong, du garde de V.

— J'estime donc que la vision des sœurs demande comme *annexe* la vision de Marie Martel.

J'ajouterai pour clore ce chapitre :

Les visions de Marie Martel devinrent bientôt extatiques.

Marie m'en a peut-être donné la vraie raison, sans y penser. « On me faisait, » dit-elle, « demander un tas de choses à la Sainte Vierge, souvent des choses qui étaient peu importantes. — Je crois bien que la Sainte Vierge a voulu y mettre bon ordre. — Maintenant je ne vois rien, je n'entends rien de ce qui se passe autour de moi. »

Voudra-t-on objecter qu'elle *simule* cet état pour échapper aux indiscrétions des spectateurs ? Il y a là un état physiologique extraordinaire qui ne peut pas être simulé.

Donc, je tiens Marie Martel pour une véritable extatique. Mais je vous l'ai dit, *je saurai déjà dans six mots,* ce qu'il y a au fond de cette mystérieuse extase.

Tranquillisez-vous, lecteur, vous le saurez aussi.

Nous retrouverons plus loin ce sujet si intéressant.

IIe GROUPE DE FAITS

Les phénomènes entachés de diabolisme

Je vous ai prévenu, lecteur, qu'en dehors des visions douces, consolantes et sanctifiantes, dont il a été fait mention, il y avait aussi matière aux prédictions de Mlle Couédon, s'il est vrai qu'elle ait prédit en quelque manière les événements de Tilly, -- et même à celles du fameux Vintras, si prédictions il y a — ce que ne manquera pas de démontrer le Vicomte de Granville.

En tous les cas, ces interventions diaboliques ne sont pas gênantes pour la cause que je défends.

Partout où se montre le *préternaturel divin,* on est presque assuré que le *préternaturel diabolique* fera son apparition, si Dieu le permet, pour retarder et égarer même le jugement de ceux qui auront à étudier les faits, en même temps que pour atténuer, s'il se peut, l'effet des manifestations divines en jetant sur elles le discrédit des contrefaçons.

Les contrefaçons, dont l'événement de Lourdes n'a pas été exempt, affectent ordinairement deux modes qui parfois se développent parallèlement : l'un est grossier et patent à tous les yeux ; l'autre est tissé dans la trame des événements avec une habileté satanique, et il faut une étude attentive, et l'application des règles théologiques qui concernent le discernement des esprits, pour saisir la marche des insinuations démoniaques, et séparer finalement l'ivraie du bon grain.

Parmi les faits de ce genre, faciles à constater, je citerai :

— L'apparition d'un fantôme hideux, décapité, sanglant, à une personne de Fontenay qui en fut terrorisée au suprême degré. Cette vision eut lieu le jour de l'Ascension, au moment où de nombreux voyants admiraient une croix lumineuse toute lamée d'argent et frangée de pierreries étincelantes sur les bords.

— La vision de trois énormes boules de feu, dont le rayonnement illuminait sinistrement l'herbage situé de l'autre côté de la haie. La boule du milieu semblait traîner les deux autres.

Quatorze personnes virent en même temps ce phénomène. — La frayeur leur fit pousser un cri d'épouvante quand les trois boules s'avancèrent vers la haie. — A ce moment, un enfant de 9 ans voyait seul une Vierge admirable, vêtue d'un manteau bleu parsemé d'étoiles : - « Oh ! comme elle est belle ! » s'écriait-il..., « elle se retourne. » — Au même instant, les quatorze personnes voyaient s'évanouir la vision terrifiante, chaque boule laissant échapper un léger nuage de fumée.

— Citons encore une vision de murailles surgissant de l'herbage et s'avançant vers la haie pour jeter la terreur parmi les visionnaires ; celle d'un lion traversant le ciel au-dessus de l'herbage à la poursuite d'une proie qu'il dévore. Plusieurs témoins attestent ces faits. Singulières hallucinations, que celles-là, n'est-ce pas ? puisque rien ne les prépare.

Plus d'une vision particulière nous paraît suspecte de diabolisme. Une dame de Paris, par exemple, était venue à Tilly, poussée par la curiosité, mais en incrédule. Elle avait, disait-elle, quelque temps à perdre, et elle était venue passer une semaine dans le pays. Elle n'était pas arrivée au milieu du champ qu'elle s'arrêtait brusquement, les yeux dilatés par l'épouvante. Il fut impossible de la faire avancer.

Une dame qui priait pour sa fille malade, et dont nous avons parlé ailleurs, s'approcha d'elle pour lui dire : « Madame, puisque vous avez le bonheur de voir la Sainte Vierge, priez pour mon enfant. » — Cette voyante, d'un geste mystérieux, écarta la foule, et lui dit sourdement, les yeux fixés méchamment sur la pauvre mère : « Votre fille ne guérira pas ! »

L'enfant, du reste, souffrait auprès d'elle.

Cette femme partit le lendemain, sans avoir jamais voulu dire ce qu'elle avait vu.

Toutes ces visions qu'attestent des témoins dignes de foi — qui n'avaient aucune raison, ô partisans de l'auto-suggestion, pour s'imposer par entraînement de pareilles hallucinations, — se rangent aisément du côté des interventions diaboliques.

II

Les faits diaboliques de second genre sont beaucoup plus subtils. Je suis convaincu que parmi les visionnaires de Tilly il faut déjà distinguer un grand nombre de voyants influencés par le démon. Je ne mets pas en doute leur bonne foi ; je ne doute plus même de l'objectivité de leur vision — je parle de ceux que j'ai étudiés, — ayant fait à ce point de vue des expériences qui me paraissent concluantes.

Ces voyants, à mon avis, ne *voient* pas la Sainte Vierge, mais la contrefaçon diabolique de la céleste Apparition. — Le démon s'agite grandement autour du fait divin, dans l'espoir d'égarer et de décourager le jugement. — C'est là ma conviction.

Entre tous les sujets qui me semblent agir sous l'influence du Trompeur, je distingue le garde M..., excellent serviteur, du reste, au château de V. — Ce malheureux entre dans des crises terribles, et il paraît ressentir, à cinq lieues de là, les *Visions de Marie Martel.* — Dans l'endroit où il se trouve, il subit l'*influence,* mais sans *vision.* — Il ne *voit* qu'au champ des Apparitions. A certains moments, il est *poussé à venir.* Il faut qu'il *vienne,* m'a-t-il affirmé.

D'après les premiers renseignements qui m'étaient venus, j'avais cru tout bonnement à un halluciné ; je l'ai étudié toute une journée, en dehors de ses crises — car il a, lui aussi, ses extases, mais dans le genre opposé — et pendant ses visions. Je maintiens que ce n'est pas un *halluciné,* qu'il voit *quelque chose,* que cette image n'est pas *subjective.*

C'est un des personnages les plus importants de ces merveilleux événements. — J'aurai à vous dire mes impressions. Il faut qu'on le *prenne au sérieux ;* voilà ce que j'ai à dire pour l'instant.

Je puis maintenant vous le présenter par cette lettre étrange où il raconte sa première vision :

« Sous le coup de la très grande émotion que j'ai ressentie vendredi et samedi après avoir vu l'Apparition, et dont je ne suis pas encore remis, je crains de ne pas avoir fait ma déposition assez clairement ; je viens donc aujourd'hui la confirmer par cette lettre.

Vendredi, me trouvant placé derrière la foule, je me suis tout à coup senti saisi d'un frisson. Au même instant je me sens attiré par une force invincible vers l'arbre dépouillé de son écorce. La foule s'écarte pour me livrer passage et le chant des cantiques cesse.

Cependant personne ne m'avait vu puisque je me trouvais en arrière de la foule qui avait les yeux tournés vers la haie.

Aussitôt que je me sentis saisi du frisson, je pris mon chapelet à ma main. Aussitôt que j'ai eu mon chapelet dans la main, je me suis trouvé le bras levé et j'ai suivi le chemin, qui s'était ouvert dans la foule.

Arrivé au pied de l'arbre, je tombe à genoux, et au même instant la Vierge apparaît devant moi et me dit ces paroles : « Tu vois, mon enfant, » en me montrant avec sa main droite son bras gauche sur lequel la manche de la robe était tachée de sang échappé des plaies de son divin Fils. — « Toi aussi, mon enfant, tu as deux taches du sang de mon divin Fils. — Annonce-le au peuple pour alléger mes souffrances et celles de mon divin Fils. »

A ce moment, je me suis aperçu que j'avais ces deux taches en ressentant, à chacun de ces endroits, une forte piqûre ; la douleur m'a fait y porter la main.

La Vierge m'est apparue revêtue d'un vêtement d'un blanc *jaunâtre*, couleur crême ; le voile était blanc et placé comme celui d'une communiante ; elle avait la taille d'une personne moyenne et elle était *très pâle*.

Je l'ai vue les yeux fixés sur la foule comme par un regard suppliant, et elle les a reportés sur moi, me suppliant de demander au peuple de beaucoup prier. Quand le moment sera arrivé, le monde pourra juger, mais, d'ici là, il faut prier avec beaucoup de courage. Le temps s'approche.

Je puis *affirmer* à M. le D..., que je n'y *retournerai* pas, à moins que je n'y sois *forcé*, car il y a trop *à souffrir*. »

Ne vous pressez pas, lecteur, de juger cet homme à cause des étrangetés de son dire. Ne tenez pas plus compte de ces exhortations à la prière. Le démon, si c'est lui, peut fort bien tenir ce rôle pendant un temps.

Je dirai, pour laisser déjà soupçonner le rôle important qu'il joue en ces événements, que ce personnage prédit le moment exact de ses *crises* et de ses *visions*; il a prédit les visions de certaines *voyantes* dans le détail, et ces visions se sont réalisées. Il avait déclaré qu'on verrait une *colombe*, et *une* des visionnaires vit la colombe sur le bras de son Apparition.

J'estime, après réflexion, que ce personnage est là pour aider à discerner la nature des visions dont chaque voyante est favorisée. Je n'hésite pas à suspecter l'origine divine de toutes les Apparitions qui s'accordent avec les visions de cet homme et ses prédictions.

Il suffira de bien déterminer si cette relation existe; si l'événement suit la prédiction, toutes précautions de supercherie étant prises, on saura à quoi s'en tenir sur les principales visionnaires.

Voilà mon opinion. J'aurai à revenir sur ces données. Je tiens, tout d'abord, à achever de présenter au lecteur les principaux personnages de ce drame surnaturel.

IIIe GROUPE DE FAITS

Faits à l'étude, mais se rapprochant du IIe Groupe par leur nature et leur origine

LOUISE POLINIÈRE — AUGUSTINE TROPLONG

Entre les faits qu'il est permis de croire d'ordre divin et les faits certainement diaboliques, se placent des phénomènes extra-naturels qui doivent être soumis à une étude approfondie. Suivant que, par la suite, ces manifestations extra-naturelles se rapprocheront de chacun des ordres énoncés plus haut, et auront des rapports intimes avec ces groupes essentiellement différents, elles devront prendre rang parmi les faits offrant des caractères identiques.

Deux cas principaux se présentent à notre étude : les visions de Louise Polinière et celles de la fille Troplong.

Avec Marie Martel, ces deux jeunes filles — et le garde M..., — sont aux yeux de la foule, et à bon droit, celles qui servent de point de contact avec l'Apparition ou les Apparitions. Ces voyantes sont dans l'état habituel de vision ; elles sont là pour permettre d'étudier les faits.

En réalité, ces visions, de beaucoup postérieures à celles des sœurs et des enfants de l'école, ne sont que secondaires et tournent autour du fait qui est capital, dominant : l'Apparition à l'école des sœurs.

Nous poserons encore ces deux questions :

1° Ces deux voyantes sont elles sincères ?

2° Si oui, le phénomène tient-il à un état morbide ; si la vision est objective, de quelle nature est cette apparition ?

Avec ce que nous avons déjà noté, l'examen sera plus rapide. Ces deux cas ne sont pas moins curieux et compliqués que les précédents.

I

Louise Polinière

Louise Polinière est une fillette de 14 ans, très brune ; rien d'agréable dans les traits ; les yeux cependant sont assez expressifs. En tout cas, ces yeux-là ont été jugés indemnes de toute tare physiologique par les médecins.

La craintive et défiante enfant ne se prêta à cet examen que d'assez mauvaise grâce. « Ces gens-là », disait-elle après, « vous font des questions si *bêtes* qu'on ne les comprend presque point. »

Louise n'aime pas à être recherchée par les curieux, non par humilité, mais parce que ça l'ennuie.

Elle est naïve et franche, incapable de mentir. — Du reste, je le dis franchement, je ne la crois pas assez intelligente pour se *fabriquer* un rôle dans les événements. — Ce qu'elle *décrit*, elle le *voit ;* la chose ne fait aucun doute pour personne. Du reste, je ne soupçonne la sincérité d'aucun de ces voyants, car l'état physiologique où ils se trouvent écarte toute idée de simulation.

Louise Polinière n'a commencé à *voir*, au champ des Apparitions, que quinze jours après les sœurs. — Une force mystérieuse attira la petite servante en ce lieu, et elle eut aussitôt une vision.

Qu'on veuille bien s'en souvenir : Louise Polinière a eu révélation de l'endroit, sans le secours de personne, le 1er avril ; mais déjà *le lieu de l'Apparition céleste était déterminé* par la sœur Cléophas, le 31 mars. — J'ai raconté plus haut cet incident. En sorte que même si *Louise Polinière n'avait pas eu de vision* en cet endroit, le *lieu précis* était découvert et les fidèles pouvaient y venir prier.

C'était à la Vierge, en effet, à se révéler elle-même, et non à l'*homme ennemi*, si mes données sur les visions de Louise sont les bonnes (1).

Je dirai maintenant que la prière de Louise n'est *certainement* pas, d'une manière habituelle, aussi recueillie que celle de Marie Martel. — Louise ne paraît nullement *saisie* par la présence du *surnaturel*, ni surtout par l'action du *surnaturel*. Elle n'est en *aucune façon* devenue plus pieuse. — Elle est devenue peut-être plus réfléchie ; cela se comprend.

Je me scandalise de son indifférence, quand elle passe devant ce lieu béni, en dehors de ses visions. — Marie Martel éprouve pour ce lieu le plus doux attrait ; elle frémit de joie en pensant à sa Vision. — Je m'expliquerai plus loin.

J'ai vu Louise Polinière se fatiguer par la récitation de trois ou quatre dizaines de chapelet. — Elle se retourne alors, en souriant, regarde la foule d'un air qui

---

(1) Il ne s'agit pas de savoir si Louise avec son bachelick normand rappelle admirablement Bernadette portant le capulet. Le démon peut se payer ces ressemblances. La comparaison doit porter plus haut.

semble dire : Je ne vois rien, cette fois ; je vais m'en aller. — Et elle s'en va avec un petit air fâché.

Je reconnais que tout cela se fait bien naïvement. — Mais elle n'est pas *saisie ;* elle ne *s'affine* pas, au point de vue surnaturel, dans ce commerce avec l'au-delà.

Parler ainsi de Louise, c'est scandaliser le public dont elle est la préférée, à cause de sa simplicité et de sa naïveté, mais je ne puis taire, dans une étude, les doutes qui m'ont toujours préoccupé au sujet du caractère divin de ses visions.

Encore une fois, je ne mets pas en soupçon leur *réalité.*

Certes, quand elle *voit*, ses exclamations sont sincères. Dans les premiers jours même, elle s'extasiait bien naturellement devant le beauté de son Apparition.

Cependant, même à ce moment, il y avait une sorte *d'exacerbation* des nerfs et des crises violentes de larmes. — Ce n'est guère là, surtout si la chose se continue ainsi, le signe d'une beauté *apaisante*, comme doit être celle de la Reine des Cieux. — Je comprends les émotions, surtout au début, et une certaine défaillance de la nature, mais non ces cris féroces, comme en poussent quelques voyants, ni ces perturbations de la sensibilité qui durent parfois tout un jour et plus.

On ne *pleure* pas ainsi chez les sœurs, et l'émotion qu'on y éprouve est faite tout entière de suavité. – Marie Martel ne pleure jamais maintenant ; son émotion, bien douce à la vérité, ne fut que pour les premières visions ; or, voilà plus de *quarante* fois qu'elle contemple son Apparition.

A sa première vision, Louise Polinière pleura à chaudes larmes, et *fut triste toute la journée.*

Le démon peut simuler une beauté relative, dont la vue suffise à jeter dans l'étonnement admiratif une petite fille très ignorante, comme l'est Louise Polinière.— Je me fierais mieux, sous ce rapport, à l'appréciation de Marie Martel qui est une *couturière* intelligente, et dont les goûts sont nécessairement plus développés. — Cette réflexion n'est pas convaincante, je le sais, mais ce qui me la suggère, c'est la singulière vision où Louise aperçut, près de son Apparition, vêtue de blanc, la forme d'une enfant, à genoux, revêtue également d'une robe blanche, mais qui paraissait *terne* et *sale* en comparaison des vêtements que portait la Vision.

Beaucoup s'exclameront : Vous voyez bien que ces vêtements étaient resplendissants de leur nature.

Je soupçonne le contraire, et malgré moi je songe à la robe *jaunâtre* que porte la Vierge qui apparaît au garde. Et d'abord, pourquoi cette ridicule opposition de deux *teintes* qui appartiennent toutes deux à un ordre qui n'est pas naturel dans ses effets. — Est-ce qu'il y a des robes *sales*, au ciel ? A quel rayon cette apparition a-t-elle choisi *le blanc* qui sert ici de repoussoir. —

Ne voyez-vous pas que, dans l'espèce, cette opposition n'a ici aucune portée, aucune signification.

Pour apprécier une étendue ou une qualité par voie de comparaison, il faut qu'*une mesure* soit connue de nous, en un mot, qu'un des termes de la comparaison nous serve de point de départ.— Rien de tout cela ici.—Nous ne pouvons donc pas juger. — Ces deux éclats peuvent être *factices* et ménagés à dessein.

Il en serait tout autrement si l'éclat de ces Visions était comparé à une blancheur connue de nous, à la clarté de la lumière solaire, par exemple. — C'est ce que j'ai eu l'occasion providentielle d'étudier chez les deux autres voyantes.

En somme, l'Apparition de Louise me semble avoir ménagé un *truc* bien connu en peinture. — Un peintre vous dira que le blanc le plus *sali* peut resplendir par les oppositions et les contrastes.

Il est bien impossible que la Vierge s'y prenne ainsi pour faire resplendir la beauté des célestes tissus. — Les deux vêtements auraient eu des éclats différents, mais non de cette façon. Il est sûr que les splendeurs du ciel sont multiples et rayonnent dans la variété des lumières, sans toutefois s'avilir l'une l'autre.

En un mot, il fallait un point *réel* de comparaison, ou la chose devenait dérisoire !

Je vous dirai maintenant qu'une Apparition qui *persiste* à toujours se *lever* de terre, ne me dit rien de bon, même si les fouilles venaient à prouver quelque chose. — C'est trop l'indice des puissances inférieures. — C'est la *note* spéciale de la Vision de Louise. — Je ne la trouve pas de nature à prouver son origine divine, bien au contraire.

Je vous ai parlé de prédictions faites par le garde M..., dont je crois les visions entachées de diabolisme, comme je le dirai plus loin ; or, une de ces prédictions s'est réalisée pour Louise Polinière. La jeune voyante, quelque temps après, et en dehors de toute influence du garde, vit une *colombe* sur le bras de l'Apparition. — Cette coïncidence doit éveiller le soupçon sur la nature de ses visions.

Il doit se produire encore d'ici peu d'autres accidents de ce genre.

Les voyantes qui décriront les étranges détails prédits par ce garde — qui n'a et n'aura aucune relation avec les jeunes filles, — détails qui demeurent inconnus d'elles, seront, à mon avis, absolument *brûlées ;* qu'on me pardonne l'expression.

Il est également important de noter que Louise Polinière, *depuis plus d'un mois*, *voit* de *moins* en *moins* et des Apparitions quelque peu funèbres : la Dame devient fort triste, et l'enfant en ressent le contre-coup.

Chose curieuse, Louise, si franche par nature, éprouve de la difficulté à faire l'aveu de cette *tristesse*, surtout depuis qu'elle a remarqué l'attention qu'on prête à ce détail. — Mais lorsqu'on insiste, elle avoue en toute simplicité. — A ses trois dernières visions, et surtout depuis qu'on étudie plus spécialement son cas, elle a revu la Dame avec un visage si triste que, les deux premières fois, elle quitta le champ pleurant à chaudes larmes.

Elle a trouvé, depuis, une explication assez habile — : « C'est parce que je ne l'avais pas revue depuis longtemps. » — Or, ces émotions tristes ne se produisaient pas au début, mais après la Vision. — Il y a quelque temps, elles se produisirent avec la même intensité deux jo s de suite.

Depuis, elle n'a *revu* qu'une fois, et j'ai pu observer sa physionomie : les yeux étaient dilatés et vulgaires dans leur expression ; sa figure terne ; ses lèvres agitées à plusieurs reprises par une sorte de crispation.

Ma conviction est que cette jeune fille voit une Apparition d'ordre inférieur.

Non, vraiment, murmura M. de St-V..., qui observait auprès de moi, ce n'est pas un visage de *voyante* au sens divin du mot.

Vous saurez aussi, — je laisse cette note au théologien, — que Louise Polinière n'a fait aucun progrès dans la piété. — C'est une bonne servante comme autrefois, ou *à peu près*.

Je sais de source certaine que cette excellente fille est un peu plus — comment dirai-je ?... — irascible.

Elle a *voulu* s'acheter une robe bleue, et elle se réjouit

d'un futur chapeau qui sera plus beau que celui de sa maîtresse.

Elle est si naïve ! diront ses protecteurs. — Je vous le concède.

Et par sa naïve franchise, elle aura servi la cause de la vérité.

Pendant que la Dame de l'Apparition semble négliger de plus en plus la petite Louise, une autre voyante paraît avoir surgi pour remplir le rôle. C'est Augustine Troplong, dont je vais maintenant vous entretenir.

II

Augustine Troplong

Cette jeune fille, excellente travailleuse, est plus âgée que Louise et plus jeune que Marie Martel.

Son éducation chrétienne paraît avoir été un peu sacrifiée. — C'est une grande grâce pour elle que d'être domestique chez Mᵉ H..., dont la bonne influence s'est déjà fait sentir.

Cette fille, me dit sa maîtresse, est incapable de *mentir*. Si elle dit qu'elle voit, c'est qu'elle voit. — Je la sais incapable de tromper.

Chez elle aussi, disons-le, l'état physiologique prouve la non-simulation.

Il y a quelques jours, elle priait comme tout le monde au champ des Apparitions quand elle fut *saisie* par la vision. Elle avait déjà *vu* deux fois quand il m'a été donné de l'observer.

Les deux premières visions la jetèrent dans un *état effrayant* de *trouble* et d'*exacerbation*. — Elle était là, les yeux rivés à la mystérieuse apparition qui la fascine, jetant de côté et d'autre les bras et les jambes, arrachant ses vêtements dans une inconsciente impudeur, et faisant entendre cette plainte navrante : « Bonne Mère, pourquoi me faites-vous tant souffrir ! »

Elle éprouve quand même le besoin de revenir, plus par une sorte d'entraînement que par attrait.

Cependant, au bout de trois ou quatre visions, dans une même séance, elle manifeste le désir de se *retirer* : elle *en a assez*. Je me trouvais présent à sa troisième vision, et je pus, tous les jours, l'étudier avec soin.

Le 16 juin, vers 10 heures du soir, on priait depuis quelques instants, quand la voyante fit un signe à sa maîtresse qui approcha vivement une chaise pour la soutenir : elle *voyait*. Les agitations trop violentes se sont calmées, mais la pauvre fille étouffe, et s'agite comme sur une couche de douleur. Elle aussi, comme le garde M..., elle constate qu'il y a beaucoup à *souffrir*.

Sa vision ne se lève pas de terre ; elle se présente brusquement, mais non sans être précédée d'un *nuage rond, simulant un globe de 0,70 c. de diamètre tout au plus,* et par conséquent disproportionné à la grandeur de l'Apparition.

Ce singulier nuage s'entr'ouvre et la *Vierge* paraît à sa place. — Par une étrange et ridicule manœuvre, ce nuage se reformé au haut de l'arbre et y séjourne immobile semblant attendre l'Apparition. — Pour disparaître, l'Apparition monte, et avant que la tête n'atteigne le nuage, elle se fond subitement. — Si le phénomène doit se reproduire, le nuage reste visible au sommet de l'arbre.

C'est étrange et sans portée religieuse.

Comme pour achever de donner à ses agissements leur caractère inévitable d'étrangeté, l'Apparition s'éleva par soubresauts et s'immobilisa au sommet de l'arbre — c'est ainsi presque à toutes les fois —, forçant la voyante à rester un temps considérable la tête renversée, dans une pose très pénible et sans grâce.

La Dame que Marie Martel contemple dans ses extases ne donne jamais un pareil torticolis à sa voyante : Elle s'élève lentement, doucement et majestueusement, la jeune fille la suit un instant, dans un léger mouvement de la tête et des yeux ; puis Elle disparaît dans la clarté d'un nuage rose qui se fond graduellement.

Je rentrai sans communiquer mes impressions, vers minuit, et je jetai sur le papier cette simple note, pour ne rien oublier : nuage à allure étrange.

La jeune fille n'a plus revu, depuis, ce nuage compromettant.

Vous connaissez maintenant, lecteur, les personnages principaux.

J'eus la bonne fortune de les voir tous réunis, au champ des Apparitions, *vendredi 10 juin* pendant un jour entier.

Chose singulière, c'était le garde M..., — que je désirais tant étudier et qui ne vient que lorsqu'il est poussé par la *force* — qui donnait rendez-vous aux deux voyantes.

Vous pensez si toutes furent invitées à se trouver sur les lieux.— Ce fut la journée du 10 juin. — J'en ferai le récit détaillé.

JOURNÉE DU 19 JUIN

Dans les jours mêmes où il m'était donné de remettre le pied sur le sol de Tilly, préoccupé par l'idée de voir et d'étudier le garde visionnaire, une lettre étrange signée de cet homme parvenait au propriétaire du champ miraculeux.

La voici ; moins certains détails qu'il importe de tenir secrets :

« Je me permets de vous écrire ces deux mots pour vous annoncer que vous pourrez faire prévenir les jeunes filles visionnaires, Marie Martel et Louise Polinière, que *prochainement* il apparaîtra.... (suivent ces détails tenus secrets dans le but d'éprouver les voyantes). — Cette apparition aura lieu en même temps que celle de la Vierge.... (suivent d'autres détails). — N'allez pas croire que ce soit des illusions que je me forme, et ne craignez pas de faire voir cette lettre, si cela vous fait plaisir.

Vendredi, 19 juin, je serai présent sur le lieu des Apparitions. Il y aura une apparition vers 10 heures du matin, et une autre entre 4 heures et 4 heures 1/4 de l'après-midi ; ces apparitions dureront un temps assez long.

Je remercie M. X..., d'avoir donné ordre à ses gardes de faire *attention à moi.* »

Pour des causes indépendantes de la volonté des

voyantes, Augustine Troplong se trouva seule à cette vision du matin. — Cela me permit de faire plus ample connaissance avec ces deux sujets qui m'étaient moins connus.

Séance du Matin

Un peu avant 10 heures, je me transportai au lieu des visions. — Un homme seul se promenait près de l'enclos, désert à cette heure matinale.

C'était le garde M... — La conversation s'engage et je suis amené à lui parler de son passé. — Il parut un instant me regarder avec défiance. — J'exhibai ses deux lettres, lui faisant observer que le hasard ne les avait pas fait tomber entre mes mains.

— « C'est vrai, fit-il. »

Le garde M... est un homme robuste, approchant de la cinquantaine.

Son allure n'est nullement celle d'un fou, comme on serait porté à le croire d'après l'étrangeté de ses dires.

C'est un homme intelligent, et un excellent serviteur.

— « Vous avez des stigmates ? m'a-t-on dit. »

— Il me regarde étonné.

— « Vous avez des taches sur le visage d'où s'échappent des gouttes de sang ? »

— « Nullement.— J'ai un point rouge au coin de l'œil et au côté. — J'ignorais l'existence de ces taches ; une piqûre fort douloureuse au moment de ma vision m'a révélé leur présence. »

Tout cela est dit d'un ton fort simple, et je n'ai point conscience de parler à un fou.

Je pris une loupe et j'examinai le point rouge qu'il avait au côté et à l'œil. C'est une sorte de globule rouge sous-cutané, sans exsudation sanguine, et dont l'aspect n'a absolument rien de remarquable.

Ce qu'il y a de remarquable ici, c'est uniquement l'étrange douleur ressentie en même temps à chacun de ces deux points rouges, au moment où l'Apparition lui disait les paroles que l'on connaît, car, je le répète, il faut croire cet homme. C'est bien, du reste, dans le genre du démon de mêler les sentences graves aux circonstances les plus ridicules.

Il me raconta qu'il souffrait beaucoup quand Marie Martel avait ses visions. Notez qu'il demeure à cinq lieues de là. Un jour que Marie Martel avait eu une extase plus longue que de coutume, il eut une crise plus douloureuse et fut comme forcé de venir le lendemain.

Ce voyant est convaincu qu'il souffre pour les péchés du monde, comme son Apparition le lui a dit, et puisque la tache de sang a disparu du vêtement de la Vision, il pense que ses mérites ne doivent pas être étrangers à cette purification.

Il se plaint beaucoup de n'être pas interrogé par l'autorité supérieure. Comme l'insinue sa lettre, il est heureux qu'on fasse attention à lui.

Je lui fis remarquer qu'il était agité et comme sous l'attente d'une chose pénible.

— Ah ! me fit-il, avec un sourire amer, si vous saviez ce qu'il y a à *souffrir*.

Puis, faisant un effort sur lui-même, il s'approcha de son calvaire, sans plus attendre, et se mit à genoux devant le talus, le chapelet à la main.

Augustine Troplong, qu'il ne connaissait pas, était déjà là en prière, quelques pas en arrière.

Au bout de quelques instants, il fit signe au gardien

des barrières, qui comprit aussitôt et se hâta de venir le soutenir.

Puis il se renversa, la face blémissante, le corps agité d'un frisson douloureux. Ce n'était encore que le prélude de la vision. Il m'avait dit : « Quand je *verrai*, je lèverai le bras droit, la main tenant le chapelet ; je suis forcé de lever le bras à chaque fois que l'Apparition se dévoile ; la première fois, j'ai conscience que je le lève, mais après, ce mouvement m'échappe, ce n'est plus qu'un geste machinal ; je suis actionné par une force supérieure.

Enfin, le bras se leva, par un lent mouvement, et il se maintint, par un geste tremblant, aussi longtemps que dura la vision.

Quand la vision cesse, le bras retombe lourdement. La crise persiste toujours, d'une apparition à l'autre, et de temps en temps le bras se lève, par ce geste étrange et sans aucune signification religieuse. A ce moment l'agitation redouble et les secousses paraissent plus douloureuses. Pendant la crise, mais en dehors de la vision, les deux bras sont inertes et comme morts : la vie semble réfugiée dans ses yeux convulsés vers le sol. Il n'a plus conscience de ce qu'on lui dit, et cependant l'excitation faite au sens du toucher provoque des mouvements réflexes : c'est ce que me démontra le travail agaçant d'une grosse mouche autour de ses paupières entr'ouvertes. Le bras gauche, toujours inerte, semblait ébaucher un mouvement pour écarter l'insecte, mais le mouvement ne vint jamais.

Au premier abord, je fus tenté de ne voir là qu'un cas de crise épileptiforme.

Mais la science nous apprend que dans l'épilepsie (grand mal) :

1° L'attaque est instantanée. — Le malade pousse un

cri et tombe comme foudroyé, presque toujours la face en avant. — Notre voyant éprouve des frissons précurseurs ; il ne prononce pas un mot, et demande seulement un appui pour plus de sûreté.

2° L'épileptique présente alors un visage d'une pâleur cadavérique, la sensibilité est abolie, il ne sent pas les piqûres. — Notre voyant a le visage blême, mais sans pâleur cadavérique ; il sent la piqûre d'une mouche, dont l'exacerbation provoque de petits mouvements convulsifs aux paupières. Il sent la douleur, mais inconsciemment ; le sens intime est comme absorbé par la vision.

3° Chez l'épileptique, les dents sont serrées, les yeux convulsés *sous* les paupières. Chez le visionnaire, les yeux sont convulsés dans le sens opposé ; ils semblent fixés au sol à une distance de trois ou quatre mètres. Nous verrons plus loin que l'organe visuel est en pleine activité.

4° Chez l'épileptique, les bras sont tordus sur eux-mêmes ; les jambes sont également courbées. — Rien de tout cela chez le voyant.

5° Dans l'épilepsie, la période convulsive se prononce bientôt : la tête se soulève et retombe sur place ou accomplit un mouvement de va-et-vient de droite à gauche très rapide. La respiration est saccadée et bruyante ; une écume sanglante baigne les lèvres. Rien de tout cela dans le cas qui nous occupe.

Je passe une foule d'autres signes dont aucun ne convient aux étranges crises de ce patient.

L'épilepsie entraîne un affaiblissement intellectuel et moral, et de la paralysie momentanée.

Dans cet homme, rien de pareil ne peut être constaté.

Jamais un épileptique n'a présenté de tels signes ; jamais un épileptique n'a eu de pareils gestes, n'a pu prédire l'heure exacte de ses crises, et cela plusieurs jours à l'avance, et n'est sorti de ces épreuves douloureuses, après chaque séance, aussi maître de ses facultés.

Il me fut possible, le soir, de compléter mes observations.

∴

Pendant ce temps, Augustine Troplong, qui priait sans prendre garde à cet inconnu, avait fait signe à sa maîtresse de donner un peu de jeu à son vêtement. L'Apparition était là, et la pauvre fille commençait à étouffer; toute sa douleur est dans la poitrine qui se resserre comme par la pression des côtés.

La direction de ses yeux, qui sont comme rivés aux yeux de l'Apparition, me permit de constater les brusques mouvements de la Vision. — La tête de la voyante s'agite sans une minute de repos, mais le regard fasciné ne décline pas un instant.

Voulant constater l'objectivité de cette vision que je crois inférieure — cette expérience serait sans résultat en présence d'un corps glorieux dont la subtilité et la translucidité rayonnante pénètrent les obstacles, — je me plaçai devant la voyante, à quelques mètres, feignant de m'empresser autour du garde en état de crise. — La jeune fille me fit aussitôt prier de me retirer de côté : je gênais sa vision.

La Vision monta vers le sommet de l'arbre et s'y tint quelque temps. — La voyante se trouva le visage en pleine lumière; le soleil, quelque peu voilé par un nuage, jetait verticalement ses rayons adoucis. La jeune fille me déclara que le soleil la gênait extrêmement : *l'Apparition était à peine visible et se fondait dans cette clarté.*

Je rappellerai ce détail à propos de Marie Martel.

Il suit de là que l'Apparition de cette voyante est moins lumineuse que le soleil en plein éclat ; mais, en revanche — ce qui n'excitera guère l'admiration, — elle est plus éclatante que la plupart de nos lumières factices : j'avais observé la veille qu'une lanterne de voiture, placée près de la jeune fille, gênait sa vision en projetant un *peu d'ombre* sur l'Apparition, comme me l'expliqua Augustine Troplong.

Je venais donc de constater deux points importants : l'objectivité de la vision, et son éclat très relatif.

∴

Le garde revint subitement à lui, mais il fut encore quelques minutes sous le coup d'un certain abattement. Je le pris à part et lui demandai s'il se souvenait bien de sa vision.

— Oui, me dit-il, seulement je désire qu'on attende un peu que mon émotion soit calmée. — Je n'ai pas conscience de ce qui se passe autour de moi, une fois que j'ai levé le bras pour signaler la première Apparition, mais je me souviens de tout ce qui a trait à ma vision.

Je livre ce détail à messieurs les hypnotiseurs.

M. Dumontpalier rappelait dernièrement, et J. Janet a prouvé par ses expériences sur le dédoublement de la personnalité en hypnose, que le sujet revenu à l'état naturel, à l'état *premier*, ne se souvient *jamais* de ce qui se passe à l'état *second;* en revanche, à l'état *second*, il se souvient de ce qui s'est passé à l'état premier.

Cet homme, au contraire, se *souvient* très bien, la crise passée, de ce qui a trait à son état de visionnaire ;

et pendant la crise, il oublie tout ce qui n'a pas trait à sa vision.

Nous sommes loin de compte avec l'hypnose.

⁂

Cette première séance avait assez duré. Nous prîmes rendez-vous pour le soir, à l'heure fixée par le garde.

Chemin faisant, je pensais fort à Marie Martel, et je souhaitais grandement de la revoir. — Voici pourquoi. On a dit que les grands hommes diminuent de près. Je voulais pour ce motif me trouver avec cette extatique dans le tête-à-tête plus intime d'un frugal repas. — Il se dit bien des choses entre le potage et le dessert. — J'étais heureux de sonder l'âme de cette favorisée du ciel ; ce n'était pas pour tenter Dieu, mais l'homme.

Marie était là depuis une heure, avec sa mère, bonne et simple paysanne, élevée très pieusement dans une maison religieuse. — La pauvre voyante est depuis quelques jours tourmentée par une douleur rhumatismale aux genoux. Elle venait de faire *cinq kilomètres* à pied, se traînant sur le chemin, au bras de sa mère. — Tous les ans, depuis une époque peu éloignée, il lui faut payer un petit tribut à la douleur. —

J'ouvre ici un chapitre spécial pour vous raconter quelques nouveaux détails, et surtout insister sur les notes morales.

Un déjeuner avec l'extatique

Marie Martel n'a pas grande instruction, son orthographe le prouve, mais grâce à son métier de couturière à la journée, elle a pu acquérir une certaine aisance qui n'est pas dénuée de bonne simplicité.

Au bout de quelques minutes la glace était rompue, et je lui insinuai : — « J'ai vu l'autre soir Louise Polinière pendant une de ses visions. — Sa figure est bien peu illuminée, et j'ai de la peine à croire qu'une vision d'en haut laisse le visage aussi indifférent. »

— « Que voulez-vous, reprit charitablement la bonne mère de Marie, cette pauvre fille est si peu instruite qu'elle n'a peut-être pas *consctence* de tout son bonheur. »

Ce n'était déjà pas trop méchamment pensé. — Et la jeune fille de répondre :

— « Oh ! mais si, elle doit avoir conscience ; elle doit être heureuse. — Elle est si belle la Sainte Vierge ! »

— « Voyons, détaillez-nous un peu l'Apparition. »

— « Elle a le visage ovale, les yeux sont bleus, les lèvres sont roses ; les joues sont roses également, les blancs du visage sont rayonnants, oh ! ce blanc ! — Les cheveux sont châtain clair, séparés par une raie et ramenés en bandeaux derrière les oreilles qui sont petites et bien jolies. — La robe, blanche et longue, n'a pas de col, mais elle est froncée à la partie qui forme le corsage ; la taille est prise par une ceinture bleue ne formant qu'un seul nœud et retombant jusqu'à ses pieds nus, sous lesquels se déroule une banderole blanche avec l'inscription : Je suis l'Immaculée-Conception, en belles lettres d'or ; des roses remplacent souvent cette banderole. — Un voile prend sur sa tête, ne cachant qu'une partie des cheveux, et l'enveloppe, laissant les bras libres depuis les coudes. »

— « Et les mains ? »

— « Oh ! que les mains sont jolies; petites, blanches et les doigts effilés. — Elle est élégante !... comme les belles dames de Caen... (une petite moue dénote aussitôt que ce n'est pas encore ça !). Oh ! qu'elle est jolie ! Quand je la vois, je voudrais l'emporter ! (1). »

Et Marie, à chaque fois qu'elle en parle, a de petits frissons de joie qu'elle contient, comme l'enfant qui pense à l'objet ardemment convoité.

Tout cela est dit d'un ton qui respire la sincérité.

*
* *

— « Ce qui n'empêche pas, riposte malignement notre hôte, que Mademoiselle s'endort au champ des Apparitions. »

— « Oh ! reprend la jeune fille en souriant, j'ai dormi à peu près une heure... »

— « Une heure ! dites donc quatre heures ! »

Voici l'histoire :

La jeune voyante avait eu, ce soir-là, plusieurs extases d'assez longue durée : il était très tard, et elle se préparait à rentrer dans son village. — Une noble famille, qui avait des grâces à demander, manifesta le désir de passer la nuit pour prier. — Marie qui a de la peine à quitter ce lieu béni — elle est la seule voyante

(1) Il faut avouer que des hallucinations hypnotiques de ce genre seraient par trop *inventives*.

qui ait cette ardeur, — entendit la proposition et voulut rester pour prier. — On se munit de chaises ; la jeune fille fut placée au milieu du petit groupe pieux, et la prière commença.

Une grosse averse avait détrempé le sol défoncé par le piétinement de nombreux spectateurs.

Marie fut prise de sommeil et sa tête se renversa sur l'épaule de sa voisine, qui reçut doucement dans ses bras la voyante endormie. — Alors toutes les épaules, par un geste unanime et spontané, sans souci de la froide humidité de la nuit, se dégarnirent des riches et moelleux tissus, qui vinrent envelopper chaudement la pauvre enfant. — Et pendant *quatre heures* de cette froide nuit, la grande dame, immobile, les vêtements dans la boue, soutint respectueusement la voyante endormie dans ses bras.

Il me semble que le ciel seul inspire de telles scènes !

— « Quatre heures ! j'ai dormi tant que cela ! » — La pauvre Marie est toute confuse. — Elle se mit à rire de bon cœur en pensant à la voilette de la dame qu'elle retrouva sous ses pieds, méconnaissable.

∴

Pauvre Marie, si elle était orgueilleuse, elle devrait avoir bien d'autres confusions. — Le démon, par ses mensonges et ses calomnies, fait rage autour d'elle. — Si la persécution est le cachet des œuvres divines, il ne lui aura pas manqué :

— « On vous attaque, beaucoup, n'est-ce pas, dans les mauvais journaux ? — Ne pourriez-vous pas protester auprès des correspondants que vous connaissez et qui viennent vous interroger ? »

— « L'autre jour, fait-elle en riant, il y en avait sur

moi, paraît-il, dans un mauvais journal de Caen, au moins long comme ça ! »

N'a-t-on pas dit, l'autre jour, qu'on m'avait vue à la buvette après une vision, pendant que ma mère me cherchait de tous côtés. »

— « Oui, reprend la mère, et pendant ce temps-là, la pauvre enfant était à Dozullé, à plus de 15 lieues d'ici. Que le monde est méchant. — Tu devrais, ma fille, quand ces gens-là t'interrogent pour se moquer, ne pas tout dire, mais *abréger*. »

— « Oh ! moi, répond Marie, après un instant de silence, je leur *dis* comme *aux autres* ; ils croiront s'ils le veulent. »

— Je trouve cette réponse parfaite, tant inattendue qu'elle paraisse.

Qui donc a dit à cette petite ouvrière « que le Dieu qui fait lever son soleil sur le champ du juste et de l'injuste » veut que l'impie ne puisse pas s'excuser d'avoir été privé de la lumière quand, se frappant la poitrine, il jettera la plainte désespérée des Saints Livres : « Ergo erravimus ! »

∴

Marie, en avançant le bras pour recevoir un objet, me montra un poignet absolument tatoué par d'innombrables points rouges.

— « Qu'est-ce que vous avez aux mains? » — Elle montre ses deux poignets en relevant un peu la manche.

— « Si vous saviez comme on me piquait, avant qu'on ait élevé la balustrade ! On m'a dit l'autre jour qu'une dame m'avait piquée avec une grande aiguille jaune. »

Cette dame accompagnait, dit-on, M. Gaston Méry. Est-ce vous, Séverine? — Alors, c'est sans doute avec la pointe de son agrafe d'or que la célèbre démocrate aura voulu piquer l'humble fille du peuple ! — C'est bien !

En tous les cas, des maladroits, et j'ai trop confiance en M. Gaston Méry et en Madame Séverine pour les comprendre sous cette épithète, ont fait à la jeune fille des blessures profondes et par centaines ; plusieurs de ces plaies, qui datent de plus de quinze jours, sont encore entourées de boursouflures pleines d'humeur.

On a pu se convaincre qu'elle n'est plus, à ces moments extatiques, aux petites douleurs de ce monde ! Elle habite plus haut.

— « Savez-vous, disait-elle naïvement, que si j'avais eu le sang mauvais, on m'aurait bien fait venir des maux sur tout le bras... »

A ce moment, comme le soleil se montrait presque à découvert, j'affectai un certain désappointement :

— « Comme c'est ennuyeux ! voilà le soleil qui donne en plein sur le champ. Rien n'est plus gênant pour ces sortes de visions... »

Elle me regarde étonnée.

— « Ce matin, Augustine Troplong se plaignait de voir plus difficilement, (Notez que Marie n'exprime jamais aucun doute sur les visions des autres). »

— « Oh ! monsieur l'abbé, moi aussi j'ai eu le soleil dans les yeux. Quand l'Apparition est là, je ne sais plus *s'il y a un soleil*. — A ce moment, du reste, la *nuit* pour moi c'est le *plein jour*. »

C'est le jour, en effet, si bien que les plus vives lumières n'y sont même pas perçues.

— « Alors elles devraient y projeter des ombres !... » objectera quelqu'un.

Nullement, car dans la splendeur rayonnante des corps

glorieux, les pâles lumières se fondent comme les ténèbres elles-mêmes.

Il fut aussi question de prétendues sommes que Marie aurait reçues dans une pensée de lucre. — Je pourrais, à ce sujet, raconter des détails touchants, et en particulier, l'odyssée d'une pièce de *vingt* francs qui finit par échoir au tronc de la Sainte-Vierge, au grand contentement de Marie.

*
* *

Pendant tout ce repas, je vous l'assure, je n'ai pas noté une seule phrase louche, une seule attitude qui inspirât la défiance. — Tout est simple et naturel, chez Marie Martel.— J'en fus plus édifié que de tout le reste.

Je l'avertis, le repas terminé, que j'allais la prendre en photographie. — Elle fit une petite moue, puis sur l'assurance que ce n'était pas pour le public, elle s'abandonna. Je la plaçai devant le petit appareil que j'avais apporté.

— « Ma fille, suggéra la mère, ôte donc ce tablier-là ; ce n'est pas convenable. — Arrange-toi les cheveux. »

— « Mais non, dit joyeusement la jeune fille en passant négligemment la main dans sa chevelure, je garde mon tablier ; ce sera comme au champ. »

Puis elle me dit :

— « Comment dois-je regarder ? Est-ce comme au moment où je vois la Sainte Vierge ? »

— Je vous assure, lecteur, qu'il me passa un froid dans le dos. — Est-ce qu'elle pourrait imiter cela ? me dis-je.

— « Oui, Marie. Il faut que nous ayons la preuve que vous *voyez*. Ce sera pour le dossier, cette photographie.

Allons, tâchez de bien reprendre l'expression que vous aviez là-bas. — Commençons. »

Marie prit un air attentif, mais elle ne réussit qu'à rendre une expression *insignifiante.*

— « Mieux que cela, voyons ! Regardez plus haut, jusqu'à cet objet. »

Peine inutile. Elle se mit à rire, en essuyant ses yeux fatigués. — J'étais *fixé.*

Un instant après, je pris congé d'elle en lui donnant rendez-vous, au champ des Visions, pour quatre heures.

Séance de l'Après-Midi

Le garde M... m'y avait encore devancé et se promenait de long en large, consultant fiévreusement et à chaque instant la montre qu'il tenait toujours à la main.

Je m'aperçus que sa montre avançait de plus d'une demi-heure. — C'était *l'heure régulière*, l'heure de toutes les voyantes, que l'esprit inspirateur avait dû lui faire connaître, en lui faisant préciser de *quatre heures à quatre heures un quart.*

Quand l'heure fut donnée par sa montre, il se présenta devant l'arbre, plus par raison que par impulsion.

Il récita son chapelet *tout entier;* rien ne se produisit. — Il revint causer avec moi, ne *sentant* pas encore *l'influence.*

Pendant ce temps, Louise Polinière et Augustine Troplong étaient venues prendre leur place dans l'enclos. — Marie, boitant péniblement, mais la figure en joie, vint se placer sur une chaise, également à l'intérieur.

Le garde, que l'agitation avait repris, voulut rester en dehors et en arrière.

Louise Polinière ne *vit* pas. — Inutile de trouver là un argument. — Le diable est assez fin pour jouer à ce jeu. — Augustine Troplong qui avait *vu* le matin ne vit rien non plus à cette séance. — Marie Martel *voit*, depuis longtemps, à toutes les fois qu'elle se présente ; la prédiction de vision n'implique aucun sens pour elle.

Le garde, du reste, m'avait déclaré qu'il ne *prédisait* que pour lui, dans sa pensée, mais que l'apparition décrite par lui serait sûrement *vue*, un de ces jours, par *une* des voyantes.

Le garde ne tarda pas à entrer en *transes*, comme de coutume, et le sinistre geste recommença de marquer les périodes de vision. — Il souffrait plus que d'habitude, comme il me l'a déclaré après la crise.

Chose curieuse, il ne sentit l'*influence* qu'à l'heure exacte de Tilly qui se règle sur la gare.

Je voulus savoir si une image purement subjective absorbait ce voyant. — Je suivis la direction de son regard, et interposai mon chapeau, servant d'écran, à un mètre de distance.

— Le bras retomba lourdement. — L'obstacle enlevé, le bras remonta par le même geste tremblant.

— Je remis aussitôt mon écran improvisé. — Le bras retomba avec un soubresaut de découragement.

J'aurais pu renouveler indéfiniment l'expérience ; la foule, attirée du pays par ce qui s'était passé le matin, paraissait émotionnée à ce spectacle.

Evidemment, pensait-on, il *voit* quelque chose d'*extérieur*.

Il me fut possible de déterminer la position exacte de la Vision, en renouvelant les expériences de l'écran, à plusieurs mètres de distance, à l'intérieur même du fossé que domine le talus couvert de bouquets et d'*ex-voto*.

Le bras du voyant ne retombait que lorsque l'écran venait se placer juste au milieu, pas trop à l'intérieur du second enclos.

Et quand il m'arrivait de ne pas placer assez exactement l'écran interrupteur, le bras toujours levé m'apprenait que je m'étais écarté quelque peu, ne fût-ce que d'une façon presque insensible. — L'effet se produisait avec une rigueur mathématique.

Ce voyant était évidemment fasciné par un objet *extériorisé ;* la Vision se tenait à mi-hauteur du talus, devant la rangée de bouquets et d'objets bénits.

∴

Depuis quelque temps, Marie Martel, étrangère à ce qui se passait autour d'elle, le visage de plus en plus illuminé, était absorbée dans sa céleste Vision. — Jamais je ne l'avais vue aussi transformée. — Elle paraissait rajeunie, et j'étais, pour la première fois, profondément ému en la contemplant. — Une seconde extase suivit aussitôt la première. — C'était reposant de la contempler.

Et pendant ce temps, l'homme renversé, le bras toujours levé, les yeux fixés sur le revers du fossé, tressaillait douloureusement sous le regard *angoissant* de sa Vision.

Je crus avoir sous les yeux le saisissant spectacle des deux extases opposées : la *satanique* et la *divine ;* l'une avilissant la nature humaine et trahissant le passage de l'Homicide ; l'autre, l'élevant vers les pures régions où habite la Beauté et l'Amour, et révélant Celle qui met ses *délices à être avec les enfants des hommes.*

∴

Je voulus recueillir aussitôt les impressions du voyant.

Il avait souffert plus que de coutume. — « Ah ! murmurait-il, ceux qui croient que je le fais par simulation, se trompent. — Il y a trop à souffrir.— Quel intérêt ai-je donc à quitter ainsi mes occupations pour venir en ce pays où je ne connais personne ?

Pourquoi ne m'interroge-t-on pas ?

— Pensez-vous que M. le doyen soit au presbytère ? — Je lui demanderai une messe.

Je repris alors :

— « Dites-moi donc pourquoi votre bras retombait à chaque instant ? »

— « Je ne sais pas au juste, mais je voyais un objet noir se dessiner à mi-jambe de la Vision. »

— « Cet objet, c'était un chapeau. »

Il parut étonné et ajouta :

— « Je souffrais beaucoup. »

— « Pourquoi ? Je ne cachais qu'une partie insignifiante de l'Apparition ? »

— « Ce n'était plus la même chose. — J'en souffrais beaucoup. »

***

— « J'ai encore un renseignement à vous demander. — Croyez-vous sincèrement que c'est la Sainte Vierge qui vous apparaît ? »

— « Comment en serait-il autrement ? »

— « Si les juges ecclésiastiques, parlant au nom de l'évêque, venaient vous déclarer, après avoir pris connaissance des documents, que ce n'est pas la Très Sainte Vierge qui vous apparaît ? — Qu'en penseriez-vous ? »

— « Je penserais que lorsqu'on voit une chose on ne peut pas dire qu'on ne la voit pas. »

— « Oui, sans doute. — La question n'est pas de nier la présence d'une apparition. — Mais, si on vous disait que cette apparition n'est pas divine, mais la contrefaçon diabolique d'une vision divine, qu'en penseriez-vous ? Accepteriez-vous ce jugement ? »

— « Pourquoi me demandez-vous cela ? me répondit-il brusquement, en me fixant d'un regard défiant. — Est-ce que c'est utile de savoir cela ? »

— « Personne ne m'a chargé de vous poser cette question. — Puisque nous causons ensemble, je vous questionne pour mieux connaître un cas aussi extraordinaire que le vôtre, aussi peu commun. »

— « Eh bien ! fit-il après un instant de réflexion, je dirais toujours que c'est la Sainte Vierge. »

— « Même si l'évêque vous défendait de le croire ? »

— « Même dans ce cas. »

Je pris congé de cet homme étrange, non sans éprouver une véritable compassion pour son état, et surtout pour sa fille, personne distinguée, que tout à l'heure j'avais vue le soutenant affectueusement pendant la crise, tout en répétant sans discontinuer : « Notre-Dame du Sacré-Cœur de Tilly, délivrez-le. »

⁂

Le soir, vers 9 heures, je revins au champ des Apparitions. — Augustine Troplong s'y était présentée et elle ne tarda pas à *voir*, toujours avec les mêmes étouffements, le même douloureux abattement.

Augustine Troplong et le garde M... décrivent une Vierge qui se rapproche, par les formes générales, de la Vision de Marie Martel, mais sans la *voir* au même endroit, alors même que les Visions se feraient en même temps.

Seulement, la description du premier montre une Vierge sans *éclat*, *blême*, *maigre*, *douloureuse*.

La Vierge que décrit Augustine Troplong est moins

pâle, mais elle est maigre encore, et les charmes admirés par Marie Martel sont ici ridiculement exagérés : la taille n'est pas seulement élancée et délicate ; elle est presque supprimée ; les mains ne sont pas seulement très fines, elles présentent des doigts d'une longueur disgracieuse. — « Oh ! ces doigts ! », faisait-elle en souriant.

Tous ces voyants ne sont pas saisis par « l'admiration » ; nous sommes loin ici du « *quam decora, et charissima deliciis* » des cantiques... — Marie Martel seule semble connaître le ravissement que suscite la beauté pure et bienfaisante.

∴

Je ne comptais pas revoir Marie Martel à cette heure tardive. — Je la croyais *peinant* depuis quelques heures sur le chemin de Cristot, quand je la vis paraître à l'extrémité du champ, toujours bien tourmentée par sa douleur, mais quand même le sourire aux lèvres.

— « Vous encore ! avec cette douleur ! — A quelle heure serez-vous rentrée ? »

— « Oh ! j'ai toute la nuit pour me rendre. — Je sens que je vais *voir*. »

Elle pénétra dans l'enclos, et se mit en prière.

Ce ne fut qu'une extase continuelle

A quatre reprises, je la vis revenir à elle pour s'immobiliser de nouveau. — Sa physionomie était vraiment surhumaine.

A un moment surtout, la foule s'en montra tout émue, tellement ses traits étaient expressifs et sa figure illuminée.

Enfin, il fallut quitter ce lieu qui lui tient au cœur. Elle souffrait tant au moment de remonter le fossé qu'elle dut attendre un instant. — Elle souriait quand même.

Puis lentement et presque portée par le bras de sa mère, elle commença le douloureux voyage des cinq kilomètres par le chemin désert et dans la nuit. — Il était près de minuit.

Elle se retourna et me dit en souriant : « Je reviendrai demain. »

La foule suivait par derrière, silencieuse et respectueuse : c'est ainsi, en revenant des roches Massabielle, qu'on devait suivre Bernadette.

CONCLUSION

Quelle que soit l'issue des visions de Louise Polinière, d'Augustine Troplong, du garde M..., et de toutes les voyantes (1) qui pourront surgir encore — visions qui, dans mon opinion, sont destinées à décroître, puis à cesser complètement —, un fait subsiste considérable, préoccupant, nécessitant à lui seul, si l'autorité le décide, l'enquête et le jugement, c'est l'apparition de la Vierge aux sœurs et aux enfants de l'école (2) et à de nombreuses personnes, toutes ayant les qualités requises pour constituer un témoignage irrécusable.

A ce fait se rattachent d'autres visions, et un grand

---

(1) Une fillette, J. B., commence, paraît-il, à entrer en scène depuis le 22 juin. — La Vision *sort de terre* et *rentre en terre*. — Eh! bien, quelle que soit l'enfant, je ne crois pas, pour ma part, à l'origine divine de ce nouveau phénomène. Même dans l'hypothèse des ruines religieuses enfouies sous le sol — hypothèse que je crois fort probable —, la Vierge en personne ne saurait se prêter à ces *surgissements* et à ces *évanouissements* plutoniens. — Il est vrai que le démon peut être forcé de révéler la vérité, comme il confessait la divinité, par la bouche des possédés, sur le passage du fils de David.

(2) Une enfant, la moins intéressante de toute l'école, ne paraît pas avoir connu les mêmes faveurs célestes. — Du reste, elle était presque toujours absente, par son mauvais vouloir. — Les hospices de Caen l'ont recueillie ; nous verrons s'ils auront toujours à se louer d'elle. — En attendant, il est puéril de *croire* sur parole une *seule* enfant vicieuse qui ment sur un fait, quand on refuse de croire *sur parole* soixante-dix enfants qui affirment sa réalité. — Un « non » qui favorise l'incrédule aura toujours plus de valeur, à son jugement, que tous les « oui » du monde qui contrarient ses sentiments. — C'est ce qu'on appelle le *parti pris*.

nombre de témoins viennent ainsi grossir cette déposition unique dans l'histoire du surnaturel.

Le fait s'impose! Il faut nier l'histoire, la plupart des sciences expérimentales, si les dépositions de témoins si nombreux et si considérables par leur valeur et leurs qualités morales peuvent être reléguées parmi les simples effets de l'exaltation mentale!

∴

Les questions les plus indiscrètes et les plus importunes pleuvent à cette occasion :

Cette Vierge, comment *l'habillerez-vous*? Comment la *nommerez-vous*? et que *veut-elle*?

Je n'ai pas à décider, vous pensez bien, mais je dis qu'il y a déjà des réponses à donner :

Nous demanderons peut-être à Marie Martel — si c'est la Vierge qu'elle voit, comme je l'espère —, de nous fournir les plus intimes renseignements. — D'autant plus que les sœurs et les enfants la voient sous le même costume, sauf quelques menus détails dont la variété paraît avoir sa raison d'être. Ce n'est qu'incidemment que la Vierge s'est présentée sous un autre aspect. — Les contrefaçons diaboliques elles-mêmes n'en diffèrent pas sensiblement, mais le tout sent l'impuissante imitation.

Les religieuses et les enfants n'auraient-elles pas été inspirées en égrenant, pendant des heures, cette invocation qui faisait resplendir l'Apparition : « *Notre-Dame du Sacré-Cœur* de Tilly, *priez pour nous*? » — L'avenir le dira peut-être.

En tous les cas, il est un *nom* qui Lui convient particulièrement ici, c'est celui de Mère aimable, *Mater amabilis*, car les larmes de La Salette ne coulent plus de ses yeux, et ses lèvres ne cessent pas de *sourire*.

C'est le *cachet particulier* de cette Apparition.

De grandes grâces seraient-elles réservées à nos temps? On le croirait, vraiment. en entendant les sinistres prédictions de certaines prophétesses qui terrorisent, pendant que s'élèvent les mains bénissantes de cette radieuse Apparition qui nous rassure.

Quand l'enfer *rugit*, c'est que le Ciel *s'entr'ouvre*.

Que voulez-vous? Le sceptique se moquera s'il le veut, mais je ne trouve pas étrange qu'une Vierge rayonne sur une colline de la chrétienne Normandie pour apparaître à des religieuses du Sacré-Cœur, à l'heure même où se couronne l'Œuvre expiatrice du Vœu national! — Ce serait le *sourire* de la Mère, avant les *bénédictions* du Fils.

J'en viens à ce dernier postulat: *Que veut-Elle?*

— « Credidimus charitati... ».

Le 28 mai, je pouvais encore écrire, comme conclusion de ma première enquête:

L'Auguste Vierge, car, pour moi, c'est Elle qui apparaît à Tilly, n'a répondu jusqu'ici à toutes les instances, que par des sourires et des bénédictions. — Elle ne *parle* pas, malgré tous les désirs exprimés et l'ingénu bon vouloir des petites voyantes qui s'offrent gentiment à faire les *commissions* de la belle Dame.

Elle *parlera* peut-être, avant de clore cette incroyable série de manifestations. — En attendant elle répand le surnaturel dans la région et au loin. — Il faudra bien que notre société matérialisée et sceptique lève les yeux vers des régions plus idéales.

N'est-ce rien que cela?

N'est-ce pas une sorte de langage muet que ces apparitions réitérées au même lieu, et ces visions de chapelles ?

Ne serait-ce pas que la divine Vierge se *veut là* un sanctuaire, peut-être ressuscité de ses ruines, d'où Elle répandra ses grâces ! (1) — Pour plus d'un pèlerinage célèbre, la Mère de Dieu n'a pas signifié autrement ses volontés.

Certes, le lieu n'est pas fait pour inspirer des visions : un immense champ d'avoine, séparé d'un herbage par une haie d'où émergent, çà et là, quelques arbustes noueux !

En revanche, quel admirable emplacement pour bâtir une chapelle que ce plateau qui domine une riante vallée ! — Et quel excellent choix que celui du propriétaire !

Depuis le 29 juin, j'ai quelque chose à ajouter : l'Apparition a *parlé !*

Le jour même, où peut-être pour la *première fois* la *voyante* Marie Martel était *spécialement* signalée au vénéré doyen comme méritant *l'attention,* la jeune fille, qui s'était confessée le 27 et le 28 mai et avait communié le 29, voyait, au milieu d'une longue extase, se dérouler aux pieds de la radieuse Apparition un mystérieux *écrit.*

Elle connut que le *secret* du ciel devait être gardé en partie jusqu'à un temps *indéterminé,* — les *premières* lignes devaient être révélées.

---

(1) A chaque instant des attestations de cures ayant les caractères de faveurs miraculeuses parviennent au vénéré doyen. Ces guérisons n'ayant pas encore été sévèrement contrôlées, il n'était pas bon de les produire comme preuves à l'appui. Le moment viendra de soumettre ces faits à un examen plus approfondi.

Des faveurs spirituelles nombreuses sont obtenues par l'intercession de N.-D. de Tilly.

— « A qui irai-je dire mon secret? » se demanda la *voyante*. « A mon curé? » — « Non, pensa-t-elle, j'irai le dire à Monsieur le doyen ». — Cela lui coûtait de venir; — on avait dit tant de mal d'elle.

Elle vint donc au presbytère, pour la *première fois*, faire sa déposition. Elle y exprime son regret de n'avoir pas été plus pieuse jusqu'ici, et combien, la volonté du ciel une fois accomplie, elle désire mourir. — Elle a, du reste, comme le pressentiment de sa fin prochaine; elle serait heureuse qu'on voulût bien l'aider à s'y préparer.

Il était utile à celui qui écrit ces lignes, comme bien vous pensez, de connaître cette *première partie* du céleste message. — C'était là une indication qui pouvait faire tomber sa plume découragée ou l'affermir dans ses mains. — La jeune fille acheva de compléter, devant moi, les *révélations* qui pouvaient être faites.

— J'en connais donc assez pour vous dire, lecteur, que dans *six* mois, au plus, nous saurons déjà à quoi nous en tenir sur les *visions* de Marie Martel.

Je m'appuie, pour le dire, sur une date qui est tombée de ses lèvres : — « *Oh! que je voudrais bien être au...* »
Cette date précède le 1er janvier (1).

Si elle se *trompe*, *reste* encore le *fait* des sœurs.

Mais, je vous l'avoue, je me trouverais à tâtons dans cette complication de faits où je crois voir présentement des clartés; je passerais la plume à un autre.

---

(1) Je pense qu'au premier janvier on saura à quoi s'en tenir, car les *fouilles* auront dû mettre en lumière le *rôle divin* de cette voyante.
Rien ne devrait être entrepris, à mon humble avis, sans que le *secret* de la voyante n'ait été, au moins en partie, connu de la foule qui pourrait ainsi *contrôler* l'événement, et constater la *science miraculeuse* de la jeune fille.

*
* *

En rentrant de ce nouveau voyage, j'ai repassé, dans le silence et le recueillement de la nuit, tous ces merveilleux événements. — Puis, j'ai résolu d'écrire ces lignes.

J'ai retiré de ma valise deux pierres qui ont leur histoire. — Vous en connaissez une. — Je vous dirai ce qu'est l'autre.

Quand il fut question de placer la statue de N.-D. de Lourdes au lieu même de l'Apparition, il fallut faire sauter sous le ciseau de l'ouvrier les aspérités du rocher où la divine Immaculée avait posé son pied virginal.

Je possède un morceau authentique de ces éclats : il me fut remis par M. le curé d'Aud..., le *jour même* où la pierre de Tilly m'était donnée en souvenir de ces événements.

Cette coïncidence n'est-elle pas curieuse ?

Les voilà toutes les deux sur mon bureau, ces pierres mystérieuses, et j'éprouverais de la répugnance à les séparer.

Toutes les deux ont, ce me semble, leur signification et me paraissent presque symboliques :

Le *morceau de marbre,* qu'un simple coup de polissoir rendra brillant et limpide, — c'est bien l'événement de Lourdes, si *clair,* si rayonnant.

Ce silex noirci, aux sinuosités moussues, plein d'aspérités, — c'est bien l'événement de Tilly, si *compliqué,* si rempli de scories et d'impuretés.

Et cependant, ces deux pierres me paraissent d'une aussi fine structure ; — elles peuvent *également* resplendir.

Attendons l'Artiste divin.

Il ne me reste plus qu'à soumettre humblement cette étude à l'examen des juges compétents, les assurant que leur appréciation sera la mienne. — S'il est un sujet sur lequel il est facile de s'égarer, c'est bien celui-là, et les faits étranges qu'enregistrent les Annales de la Mystique sont bien de nature à faire hésiter le jugement.

J'ai espoir, cependant, que la puissance de Satan est ici dépassée, et que l'œuvre divine, dominant l'œuvre ténébreuse, arrachera même à nos magiciens modernes cet aveu de leurs devanciers : « *Dixerunt malefici... : Digitus Dei est hic.* »

Nota. — Nous apprenons, à la dernière heure, que M. l'abbé Brettes a fait dernièrement sur les faits de Tilly une sérieuse enquête.

Sa conclusion serait, m'assure-t-on de Tilly, que les faits *divins* et *diaboliques* se manifestent simultanément.

Il est regrettable que M. l'abbé Brettes n'ait pu étudier Marie Martel, la *voyante* principale, et l'autre extatique, le garde de V ..

La Dame inconnue, de Paris, dont j'ai fait mention (groupe des faits diaboliques), a subi une crise terrible en présence de l'éminent chanoine et de M. le curé de Sainte-Anne, du Havre.— La foule était profondément impressionnée.

Blois, typ. et lith. C. Migault et Cie, rue Pierre-de-Blois. 14

www.ingramcontent.com/pod-product-compliance
Lightning Source LLC
LaVergne TN
LVHW020334230826
846091LV00003B/865

9782012780910